China – Datong

16. FEBRUAR

Ein Wahrsager wartet auf Kunden am Tor zu den Yungang-Grotten, buddhistischen Höhlentempeln bei Datong.

9783884728444
W0270288

China – Wushan

15. NOVEMBER

DER ORT, AN DEM DIESE FOTOS ENTSTANDEN, liegt heute 100 Meter unter der Wasseroberfläche. Zusammen mit meinen Fußspuren in den Kohlehaufen ist auch das alte Wushan untergegangen. Jene umtriebige, laute kleine Stadt voller Karaoke-Bars und als Friseursalons getarnter Bordelle bot den Flussschiffen auf ihrer Fahrt zwischen Yichang und Chongqing eine Anlaufstelle. Beim Verladen der Kohle wurde diese noch mit Eimern und Jochstangen transportiert. Von hier aus unternahmen wir eine Fahrt mit dem Sampan zu den Drei Kleinen Schluchten des Danning-Flusses. Ich erinnere mich noch gut an das Bier draußen auf einer Straßenterrasse in der Nacht unserer Ankunft. Wir saßen einfach nur da, tranken etwas, lachten und beobachteten das vollkommene Chaos des quirligen Nachtmarkts, das um uns herum brodelte wie ein nahendes Unwetter. Heute liegt das umgesiedelte Wushan hoch über dem Wasserspiegel des riesigen Reservoirs, des größten von Menschenhand geschaffenen Sees unseres Planeten, der durch den gigantischen Drei-Schluchten-Staudamm in der Nähe von Yichang weiter unten am Jangtse entstand.

Philippinen – Zamboanga

16. NOVEMBER

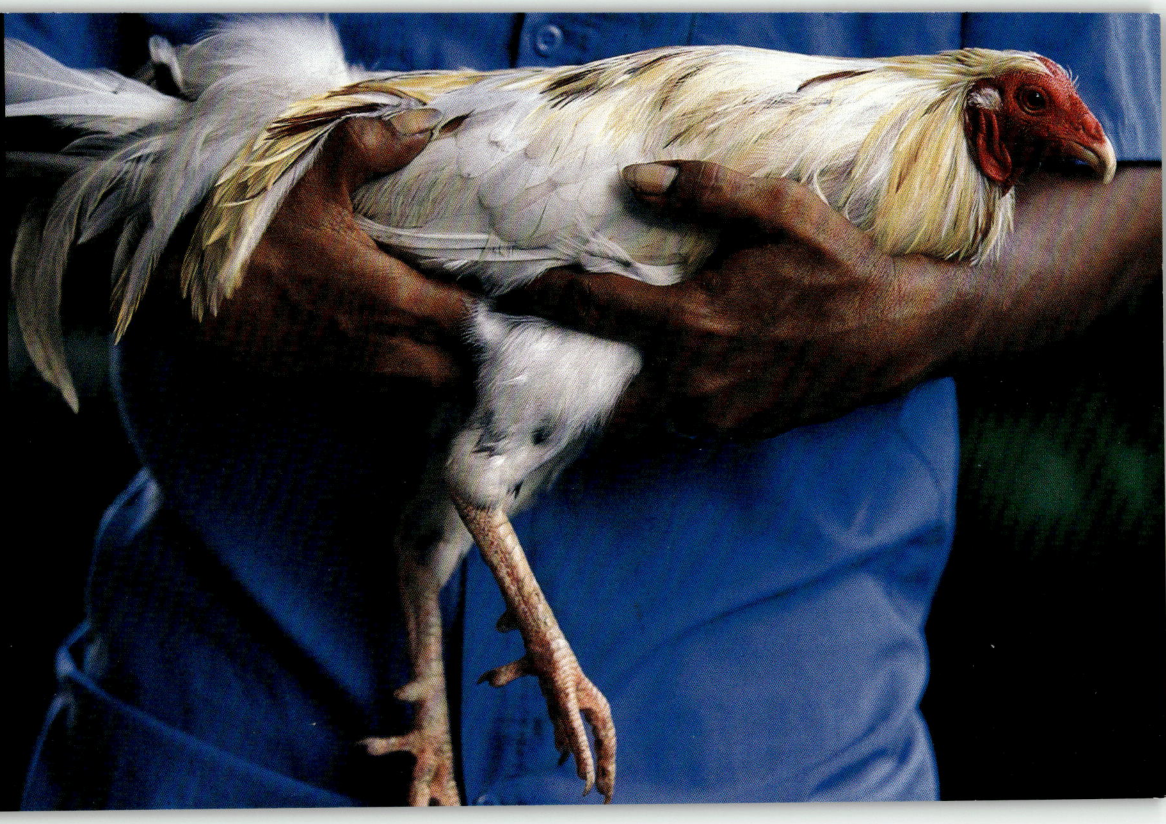

In Zamboanga hält ein Mann seinen kostbaren Kampfhahn.

Philippinen – Zamboanga

15. FEBRUAR

ZAMBOANGA WIRD IN HOCHGLANZBROSCHÜREN gerne als »exotische Perle der südlichen Philippinen« bezeichnet. Während ich in der Hitze, die schon vor Tagesanbruch herrschte, durch das einsturzgefährdete Gemäuer des von den Spaniern errichteten Fort Pilar wanderte, fand ich dafür kaum Gründe. Aus dem Augenwinkel bemerkte ich in der Ferne einige blau-weiße Figuren, die zu einem Gelände in der Nähe des Ozeans rannten. Natürlich ging ich der Sache auf den Grund. Es stellte sich heraus, dass die jungen Männer, die sich noch schnell die Uniformen und Mützen zurechtrückten, zu einer Trainingsakademie für Handelsseeleute eilten. An diesem Tag sollte ihre Abschlussfeier stattfinden. Hunderte Kadetten irrten auf dem Paradeplatz herum, alle in identischer blau-weißer Uniform. Sie erweckten den Eindruck, als würde hier am frühen Morgen eine Cocktailparty der örtlichen Militärkapellen stattfinden. Während ich Fotos machte, erinnerte ich mich an die Zeit, als ich zwischen Hongkong und Mumbai als Gastredner auf einem Kreuzfahrtschiff reiste und mich damals über die zahlreichen Filipino-Matrosen wunderte. Nun wusste ich, wo sie alle herkamen.

Philippinen – Zamboanga

17. NOVEMBER

NEBEN BASKETBALL IST DER HAHNENKAMPF DIE BELIEBTESTE FREIZEITBESCHÄFTIGUNG auf den Philippinen. Auf dem Hof der Familie Primalion hoch in den Bergen nördlich von Zamboanga leben um die 2500 Vögel. Vermutlich ist dies der weltgrößte Stall für Kampfhähne. Der Besitzer, Boy Primalion, verkündet stolz, dass er einige der begehrtesten Hähne des Landes züchtet. Die Vögel sind an kleine A-förmige Hütten angebunden, die einige Meter auseinanderstehen, sodass sie sich nicht angreifen. Einige Tage nach unserem Besuch zog der Fünf-Hähne-Wettbewerb (jeder Besitzer darf fünf Kampfhähne einsetzen) große Menschenmengen zur Galleria de Zamboanga. Das gesamte Preisgeld wird mit etwa 8,75 Millionen US-Dollar angegeben, eine unglaubliche Summe, die einen beträchtlichen Anteil des städtischen Haushalts ausmachen dürfte. Der immense Lärm im Stadion, in dem die Wettenden ihre Gebote herausschrien, wurde plötzlich von einem mächtigen tropischen Sturm draußen übertönt. Er war so heftig, dass er die »30 Sekunden fliegender Federn« im Ring in schiere Bedeutungslosigkeit versinken ließ.

Philippinen – Zamboanga

14. FEBRUAR

Ein Absolvent der Akademie für Handelsseeleute steht in Uniform bei der Abschlussfeier.

China – Chengdu

18. NOVEMBER

Im Teehaus des Wenshu-Tempels geht ein Ohrputzer seinem Gewerbe nach.

China – Xining

13. FEBRUAR

DER LEGENDE NACH tropften im Jahr 1357 bei der Geburt des Tsongkhapa, des Begründers der Gelug-Schule des tibetischen Buddhismus (auch »Gelbmützen« genannt), einige Tropfen Blut aus seiner Nabelschnur auf den Boden. An dieser Stelle wuchs ein Sandelbaum. Als der Baum größer wurde, begann man in der Rinde Bilder des Buddha, auf den Blättern tibetische Symbol zu erkennen. Außerdem ging von den Blüten des Baumes ein ätherischer Duft aus. Der Sandelbaum wurde als der »Baum der großen Verdienste« bekannt, um ihn herum entstand das große Kloster Kumbum (Taer Si). Als in den 1840er-Jahren der Baum noch stand, kamen zwei katholische Missionare namens Huc und Gäbet nach Kumbum, um den Baum als Scharlatanerie zu entlarven. Nachdem sie den alten Sandelbaum gründlich untersucht hatten, kamen sie zu dem Schluss, dass die Symbole auf den Blättern echt waren. Eine Entdeckung, die sie, in den Worten Hucs, »mit großer Betroffenheit und Verwunderung erfüllte ...«. Kumbum ist eine bedeutende Pilgerstätte geblieben und zudem eine bedeutende Sehenswürdigkeit.

China – Chengdu

19. NOVEMBER

ZUR ZEIT DER ÖSTLICHEN HAN-DYNASTIE (25–220 n. u. Z.) war die florierende Seidenbrokatindustrie in Chengdu so bedeutend, dass es den Beinamen Jincheng, »Brokatstadt«, erhielt. Die Stadt, die ich kennengelernt habe, ist so einzigartig wie die geheimen Webtechniken, die schon vor 1800 Jahren angewandt wurden. Die Anmut der alten Welt, die sich zum Beispiel im Wenshu-Tempel aus der Tang-Dynastie zeigt, ist hier nahtlos mit der ungestümen Energie der modernen zu einem gesellschaftlichen Geflecht verwoben, das gleichermaßen edel und fest ist. Bezeichnend für diese Verbindung aus Alt und Neu ist das historische Alte-Shunxing-Teehaus. Als es einem Einkaufszentrum weichen musste, baute man es Stück für Stück in dessen obersten Etage wieder auf. Es ist eine durchaus angenehme Erfahrung, hier ein köstliches Dim-sum-Mahl in typisch würziger Chengdu-Art zu genießen und dabei eine Sichuan-Oper zu sehen, um anschließend durch die alten Holztüren in das mehrstöckige Kaufhaus hinauszutreten und den Kindern auf der Kunsteisbahn unten im Innenhof zuzuschauen.

China – Xining

12. FEBRUAR

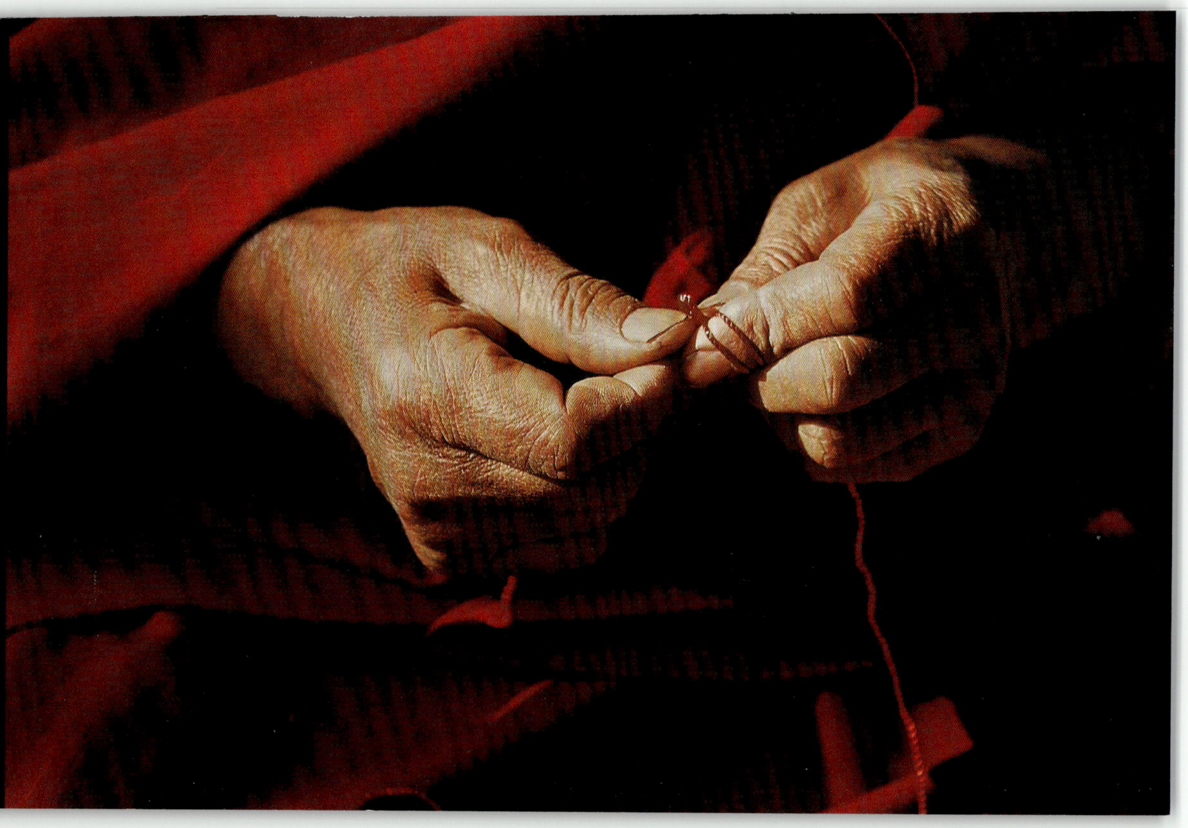

Im buddhistischen Kloster Kumbum bereitet sich ein Mönch auf den Segen vor.

Pakistan – Rumbur

20. NOVEMBER

Die Kalasha im Hindukusch verwenden für ihre schönen Häuser Stein als Baumaterial.

Kuba – Havanna

11. FEBRUAR

FIDEL CASTROS KOMMUNISTISCHE REVOLUTION 1959 und das nachfolgende, bis heute andauernde US-Embargo haben in der Altstadt Havannas die Zeit stillstehen lassen: Spanische Gebäude aus der Kolonialzeit säumen die Straßen, die von amerikanischen Oldtimern aus den 1950er-Jahren befahren werden. Sie stammen noch aus der Zeit, als die Revolutionäre ihre Besitzer des Landes verwiesen. Havannas berühmte Meerespromenade, der Malecon, bietet bei Sonnenuntergang immer noch einen atemberaubenden, aber auch traurigen Anblick, als ob man einer Schönheit beim Verhungern zusähe. Hemingway liebte Kuba und schrieb hier einige seiner besten Werke. Wie in Key West lockt man mit seinem Namen Touristen an. Hemingways Finca Vigia in San Francisco de Paula, etwas außerhalb Havannas, ist heute ein Museum. Hier bewahrt die Regierung liebevoll den Status quo. Selbst die Schreibmaschine, auf der er *Der alte Mann und das Meer* schrieb, wird regelmäßig abgestaubt. Fast könnte man meinen, Hemingway lebe noch immer hier – mitsamt seinen 57 Katzen.

Pakistan – Rumbur

21. NOVEMBER

DAS KULTURELL EINZIGARTIGE VOLK DER KALASHA lebt in drei entlegenen Tälern an der afghanisch-pakistanischen Grenze südwestlich des Chitral-Tals. Es gehört zu den Völkern, die diesen Teil des Hindukusch als Erste besiedelten. Die Kalasha, deren Name auf ihre traditionelle schwarze Kleidung zurückgeht – die jedoch mit farbenfrohen Stickereien verziert ist –, besitzen eine eigene Sprache, eine eigene Religion und eigene Bräuche. Einige unter ihnen haben blondes Haar und blaue Augen, was bis heute die nicht belegte Theorie fördert, es handle sich um Nachfahren von Deserteuren aus dem Heer Alexanders des Großen. Die heute noch etwa 3000 Kalasha siedeln verstreut in 20 entlegenen Dörfern. Während der islamische Fundamentalismus zunehmend durch die Nordwestprovinz Pakistans tobt, bieten die Ortschaften der Kalasha inmitten der zunehmenden Intoleranz kleine Oasen der Farbe und Freude. Die reizvolle Steinarbeit ihrer Häuser erinnert an die Ruinen der Inka in den Anden.

Kuba – Havanna

10. FEBRUAR

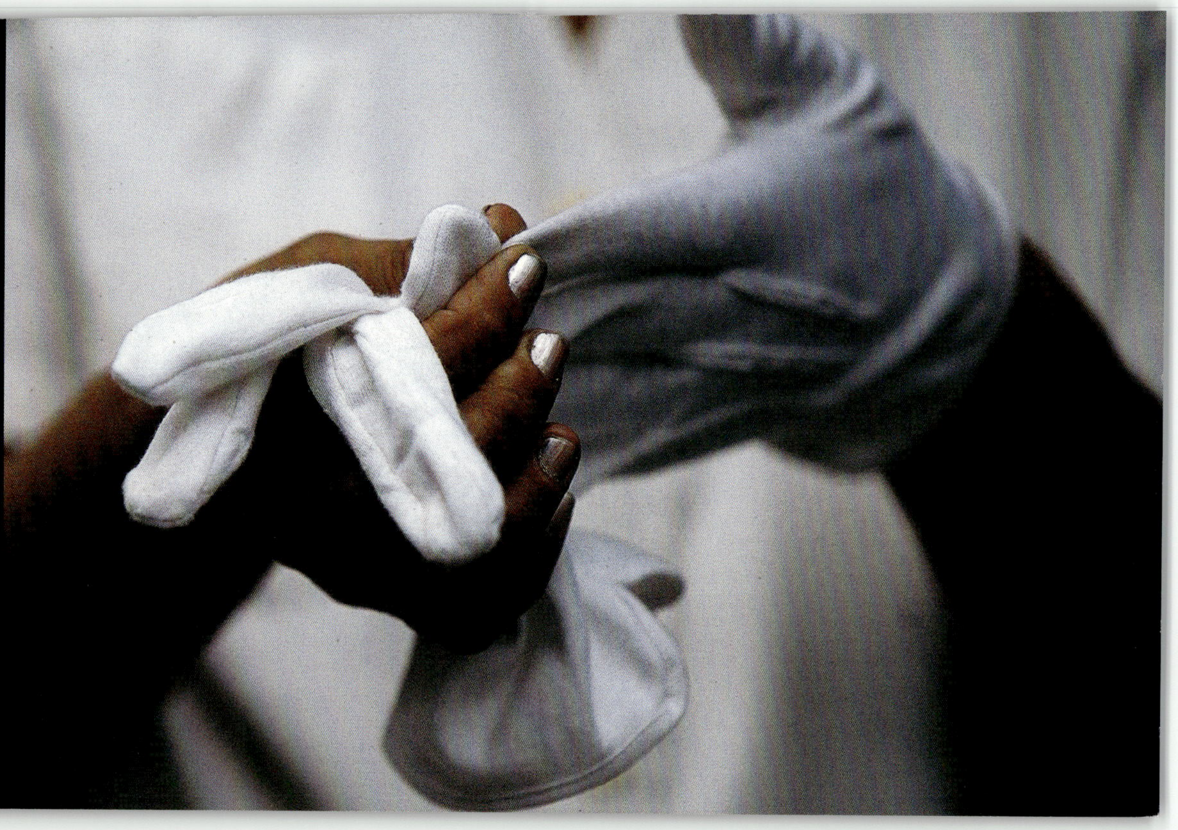

Eine Museumswärterin zieht sich in Hemingways ehemaliger Finca bei Havanna nach dem Staubwischen die Handschuhe aus.

Indien – Srinagar

22. NOVEMBER

Die Früchte der Lotosblume können ebenso wie ihre Wurzeln, Samen und ihr Stängel gegessen werden.

Indien – Mumbai

9. FEBRUAR

MUMBAI KANN ÄHNLICH WIE MANHATTAN fast als eigenständiges Land bezeichnet werden. Die Stadt liegt auf einem Landstreifen im Arabischen Meer, sie ist Indiens größter Hafen, Finanzzentrum, die Heimat Bollywoods und damit die Hauptstadt der indischen Unterhaltungsindustrie. Das erste Mal erreichte ich Mumbai – damals noch Bombay – 1990 in der Morgendämmerung an Bord eines Schiffes. Ich betrat die Stadt durch das Gateway of India, das zentrale Symbol, das der britische Raj 1911 zur Begrüßung König Georgs V. errichtet hatte. Als ich vor Kurzem die Stadt erneut besuchte, erkannte ich große Teile nicht wieder, aber einige der ersten Bilder haben sich tief in meine Erinnerung eingegraben: die gelben Blumen auf einem von zwei Männern geschobenen, überladenen Handwagen, die vor Tagesanbruch die Leichen der in der Nacht Gestorbenen einsammelten; die Menschenflut, die während der morgendlichen Rushhour durch den Victoria-Bahnhof brandet; den Künstler mit seinen Kreiden auf einer Straße; den langen Damm zum Haj-Ali-Schrein, der mit Bettlern, Leprakranken und Krüppeln gesäumt war, die um Almosen bettelten ...

Indien – Srinagar

23. NOVEMBER

AUSSENBORDMOTOREN SIND AUF DEM DAL-SEE IN SRINAGAR NICHT ERLAUBT, was ihn in dieser konfliktreichen und oft lauten Region zu einer Oase des Friedens werden lässt. Der See ist in köstliche Stille gehüllt, die nur von den Stimmen der Natur unterbrochen wird: das nahezu lautlose Eintauchen des Paddels ins Wasser und das sanfte Gleiten des Rumpfes durch die Lotosblätter. Ein zarter Nebel liegt über den Lotospflanzen auf dem engen Kanal. Auf ihm steuern Händler in kleinen Booten, randvoll mit frischer Ware, den Markt am äußersten Ende des Sees an. Vor den schwachen Umrissen entfernter Berge steigt aus einer Baumspitze ein Drachen auf in den Himmel. Zwei Brüder, deren Boote mit leuchtend bunten Blumen gefüllt sind, versuchen unsere Aufmerksamkeit auf sich zu ziehen. Wir sind jedoch wesentlich interessierter an dem Naan-Brot, das verlockend duftet, aber außerhalb unserer Sichtweite gebacken wird. Das Leben auf dem See scheint in einer eigenen Dimension und Zeit zu existieren, und weder die menschlichen Verrichtungen noch die umgebende Landschaft geben Aufschluss darüber, durch welches Jahrhundert man hier gleitet.

Indien – Mumbai

8. FEBRUAR

Zeitungslektüre während der morgendlichen Rushhour in Mumbai.

China – Xian

24. NOVEMBER

Ein Besucher des Mausoleums von Kaiser Qin Shihuangdi schreibt dem Team seine Adresse auf.

China – Dalian

7. FEBRUAR

WIR VERLIESSEN DALIAN unter einem trüben dunklen Himmel, und etwa auf halbem Wege nach Lüshun (früher als Port Arthur bekannt und zwischen 1904 und 1945 Schauplatz mehrfacher militärischer Auseinandersetzungen zwischen Russen und Japanern) setzte heftiger Regen ein. Wir hielten dennoch an, da ich diese Bucht schon einmal bei meinem ersten Besuch in Dalian vor vielen Jahren fotografiert hatte. Das war lange bevor die neue Verbindungsstraße, auf der wir nun reisten, gebaut wurde, und zu einer Zeit, als anstelle des Motel- und Restaurantkomplexes noch ein kleines Fischerdorf mit Holzhütten und Gemüsegärten auf der gegenüberliegenden Straßenseite gestanden hatte. Sobald ich zu fotografieren begann, merkte ich jedoch, dass sich eigentlich nichts geändert hatte: Die Fischersfrauen sammeln immer noch kleine Muscheln aus den Netzen, noch immer werden riesige Berge tropfender Algen in Holzboote geladen, die für diese Aufgabe zu klein scheinen, und die Menschen sind noch genauso nett und gastfreundlich.

China – Xian

25. NOVEMBER

BEI DEM VERSUCH, am Fuße des Lishan-Berges einen Brunnen zu graben, stießen Bauern im Mai 1974 auf zerbrochene Tonscherben und alte Bronzewaffen. Ihre Entdeckung stellte sich als einer der größten archäologischen Funde der Geschichte heraus, und die Grube 1 des Mausoleums des ersten Kaisers von China, Qin Shihuangdi, ist heute die bedeutendste Touristenattraktion des Landes. Die Grube besteht aus einer 14.260 Quadratmeter großen Fläche, von der lediglich 960 Quadratmeter vollständig freigelegt wurden. Bis jetzt wurden mehr als 2000 Krieger, die alle individuelle Züge tragen, ausgegraben, und man geht davon aus, dass allein in dieser Grube mindestens 6000 weitere Figuren verborgen liegen. Die Menge und Größe der Terrakottakrieger sowie die Kunstfertigkeit, mit der sie angefertigt wurden, lassen den Größenwahn jenes Mannes erkennen, dem als Erstem die Vereinigung Chinas zum Kaiserreich gelang, aber auch das unglaublich hohe Niveau der Kultur in seinem Herrschaftsbereich. Im Laufe der Zeit war ich mehrmals dort und verließ den Ort jedes Mal mit wachsender Ehrfurcht.

China – Dalian

6. FEBRUAR

Eine Fischersfrau pult geduldig kleine Muscheln aus einem Netz.

USA – Maui

26. NOVEMBER

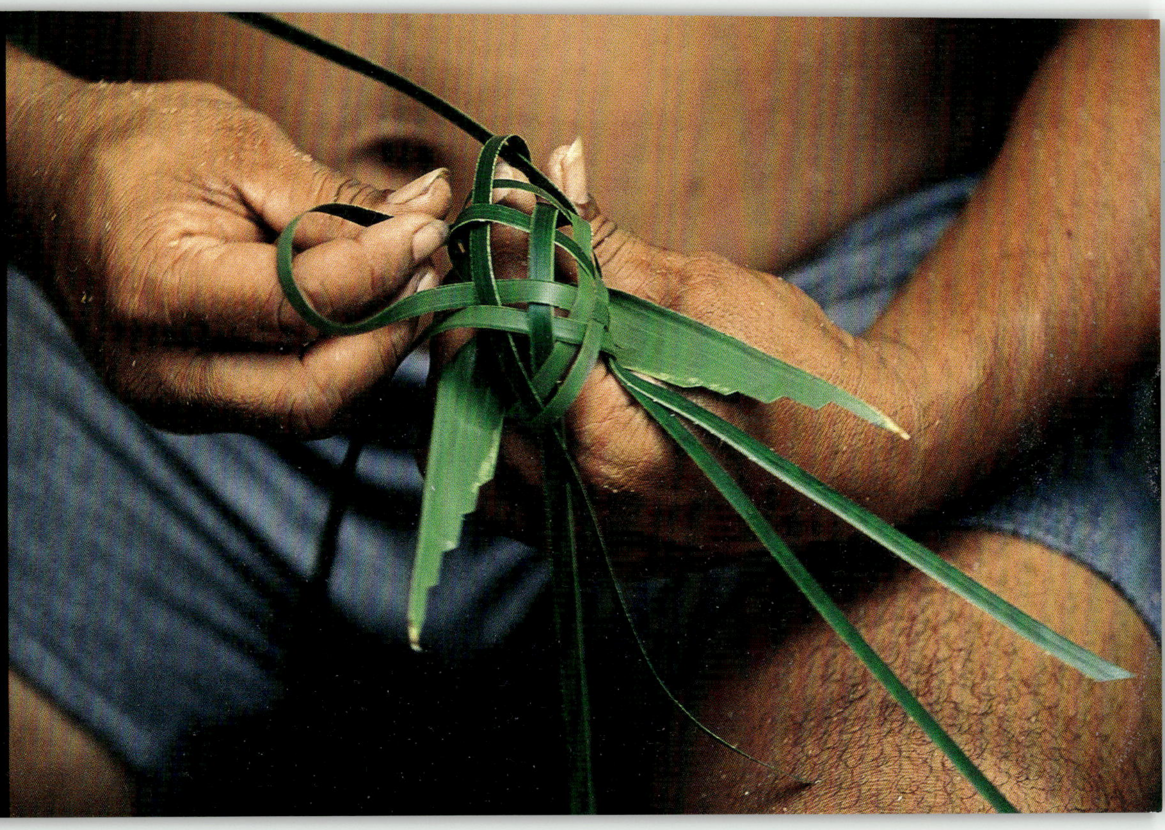

Ein auf Maui heimischer Künstler fertigt aus Palmblättern den Zaubervogel aus Hawaiis Ursprungsmythos an.

Japan – Kyoto

5. FEBRUAR

BEIM JIDAI MATSURI IN KYOTO drängen sich nahezu genauso viele Fotografen wie kostümierte Teilnehmer. Das alljährlich Ende Oktober stattfindende »Festival der Epochen« wurde 1895 ins Leben gerufen und zählt sicherlich zu den farbenfrohesten Festen in ganz Japan. Vor einer begeisterten Menge aus einheimischen Zuschauern und Touristen defilieren über 2000 Einwohner Kyotos in Kostümen aus dem 8. bis 19. Jahrhundert durch die Stadt. Der Umzug nimmt seinen Anfang am kaiserlichen Palast, und ausgerechnet in dieser so überaus gepflegten Umgebung, in der die Teilnehmer des Umzugs letzte Hand an ihre Kostüme legen, geriet ich in eine Art »Schlacht der Amateure«. Hunderte von überenthusiastischen Fotoklub-Mitgliedern mit teuerster Ausrüstung sowie mit Digitalkameras hantierende Touristen stießen sich gegenseitig aus dem Weg oder liefen sich ungewollt vor die Linse. Alles in allem schätze ich mich glücklich, den fotografischen Nahkampf mit einigen wenigen gelungenen Aufnahmen und einem intakten Sinn für Humor überlebt zu haben.

USA – Maui

27. NOVEMBER

MAUI IST EINE WICHTIGE FIGUR IN DER POLYNESISCHEN MYTHOLOGIE, wenngleich die Legenden von Ort zu Ort unterschiedlich überliefert werden. In der hawaiianischen Fassung war Maui einer der vier Söhne des Akalana und seiner Frau Hina, die einen Zaubervogel besaßen. Die Brüder gingen angeln, und Maui verwendete die Flügel des Zaubervogels als Köder. Er bekam den Boden des Ozeans an den Angelhaken, verschwieg das aber seinen Brüdern. Stattdessen bat er sie, mit aller Kraft zu rudern, weil er einen gewaltigen Fisch am Haken habe. Die Brüder ruderten so heftig, dass sie nicht einmal merkten, wie hinter ihnen Inseln entstanden. Der Name Hawaii stammt aus der Legende von Hawaiilao, einem polynesischen Seefahrer, der die Inseln entdeckt haben soll. Er benannte die zweitgrößte Insel nach einem seiner Söhne, der seinerseits nach Maui benannt worden war. Die Insel wird wegen der fruchtbaren Landbrücke, die wie ein Tal zwischen den West Maui Mountains und dem Haleakala-Vulkan – dem »Haus der Sonne« – liegt, auch The Valley Isle genannt.

Japan – Kyoto

4. FEBRUAR

Die Teilnehmerin bei Kyotos »Festival der Epochen« ist wie ein Bauernmädchen aus dem 8. Jahrhundert gekleidet.

Bhutan – Bumthang

28. NOVEMBER

Ein Bogenschütze wickelt sich aus Betelnussblättern ein Doma – ein berauschender Happen aus Betelnüssen und Kalkpaste.

Kenia – Chyulu Hills

3. FEBRUAR

DIE FILMAUFNAHMEN ZU MICHAEL PALINS PROJEKT »Hemingways Reisen« führten uns in die unmittelbare Nähe des Kilimandscharo in Kenia. Wir fuhren vom Rand des Amboseli-Nationalparks aus bis zum Chyulu-Hills-Nationalpark, in dem Hemingway 1953 zum Ehrenwildhüter ernannt worden war. Dort übernachteten wir in der Safarilodge Richard Bonhams, des gegenwärtigen Ehrenwildhüters. Er hatte ein paar Cessnas organisiert, damit wir rund um Afrikas höchsten Berg Aufnahmen von Flugzeug zu Flugzeug machen konnten. Michael flog bei Richard mit, während ich mich mit dem Filmteam in das andere Flugzeug quetschte, dessen Hecktüre ausgebaut worden war, damit die Filmkamera Platz hatte. Es war ein wunderbar klarer Morgen, und wir flogen auf dem Weg zum Kilimandscharo über ganz unterschiedliche Landschaften, von knochentrockenem Busch bis zu tropischem Regenwald. Allerdings ist ein Flug in fast 3000 Meter Höhe in einem kleinen Flugzeug mit offener Tür nicht annähernd so amüsant, wie es klingt.

Bhutan – Bumthang

29. NOVEMBER

ICH ERREICHTE DEN BOGENSCHIESSSTAND UNTERHALB DER JAKAR DZONG (Festung des weißen Vogels) etwas verspätet, die Wettkämpfe waren bereits in vollem Gange. Ich war am Fuß des Hügels aufgehalten worden. Dort bemühte sich die jüngere Generation, es den Vätern gleichzutun. Ihr Problem bestand darin, dass die Zielscheiben noch nicht eingetroffen waren. Ich wartete also mit den Jungen, während sie ihre Bogen neu spannten und dabei umherstolzierten wie junge Gockel. Endlich trafen die Scheiben ein und wurden mit einer Mischung aus Spott und Freudengeschrei in Empfang genommen. Bei der Hauptveranstaltung herrschte eine begeisterte Stimmung. Unter freundlichen Sticheleien flog gerade ein Pfeil über den 140 Meter langen Schießplatz. Er landete nur wenige Zentimeter vor dem dünnen und knapp einen Meter hohen Ziel im Boden. Geschrei und Anfeuerungsrufe brachen aus, als sich ein Team zu einer Art Siegestanz zusammenfand. Sie schwangen singend ihre Bogen und standen dabei wie die Kraniche auf einem Bein.

Kenia – Chyulu Hills

2. FEBRUAR

Ein Wildhüter im Chyulu-Hills-Nationalpark zeigt einen beeindruckenden Löwenschädel.

Pakistan – Lahore

30. NOVEMBER

In der Hitze Lahores sind fruchtige Wassermelonen eine willkommene Erfrischung.

Kolumbien – Armenia

1. FEBRUAR

DER GLANZ DER ARCHITEKTUR IM SPANISCHEN KOLONIALSTIL erinnert an die einstige Größe des in den Bergen gelegenen Armenia. Die Stadt war einst ein bedeutender Umschlagplatz für Kaffee und andere Erzeugnisse, die im fruchtbaren Boden der grünen Hügel gediehen. Die hier früh siedelnden spanischen Kolonialherren besaßen große Güter, deren Bewirtschaftung weitaus mehr Landarbeiter erforderte, als in der näheren Umgebung zu finden waren. Dieser nahezu endlose Bedarf an billigen Arbeitskräften förderte den Sklavenhandel: Afrikaner wurden von arabischen Sklavenhändlern gefangen genommen und im Senegal an englische und andere Händler verkauft, die sie dann über den Atlantik in die Karibikstädte Havanna und Cartagena verschifften. Die Opfer dieses unwürdigen Handels behandelte man häufig wie Tiere. In ihren Nachkommen vermischt sich das Erbe ihrer afrikanischen Vorfahren mit dem des Nahen Ostens und Europas, was sie zu einem der stärksten und schönsten Völker gemacht hat, die mir je begegnet sind.

Pakistan – Lahore

1. DEZEMBER

IM MOGULNREICH DES 16. JAHRHUNDERTS GALT LAHORE ALS EINE DER SCHÖNSTEN STÄDTE und trug zusammen mit Delhi den Titel »Zwillingsjuwelen des Reiches«. Bei unserem Besuch schmorte der kostbare Edelstein bei Durchschnittstemperaturen um 48 °C in der größten Hitzewelle seit 75 Jahren. Jenseits der zwischen niedrigen Hügeln gelegenen Altstadt mit ihrer herrlichen Mogulnarchitektur, den Gärten und den viktorianischen, mogulisch-neogotischen Bauwerken aus der britischen Kolonialzeit ist das moderne Lahore nur eine weitere indische Stadt, die noch immer interessant, aber längst kein Juwel mehr ist. Ausdruckslose Gebäude sind mit Schildern und grellen Reklameflächen bedeckt, während sich auf den Bürgersteigen überhitzte Menschen drängen und sich zwischen Autos, Lkws und Bussen hindurchlavieren. Viele der Fahrzeuge haben ihr Verfallsdatum längst überschritten und entlassen ihre Auspuffgase in braunen Wolken in den siedenden Kessel der Stadt.

Kolumbien – Armenia

31. JANUAR

Ein Landarbeiter in den Kaffeeplantagen bei Armenia gönnt sich eine Pause von der harten körperlichen Arbeit.

Tibet – Rongbuk

2. DEZEMBER

Ein tibetischer Bergbewohner verknetet Tsampa mit Yakbutter-Tee zu einer Teigmasse.

Nepal – Bhaktapur

30. JANUAR

IN REISEFÜHRERN STEHT OFT, dass Bhaktapur »nach der Form der Muschel Vishnus entworfen« wurde. Die »heilige Muschel« hat zwölf Jahrhunderte der Zerstörungen überstanden und ist nach wie vor von atemberaubender Schönheit. Eine schmale Gasse hinter dem Dattatraya-Platz führt zu einem großen Innenhof, der von einem alten Wasserbehälter beherrscht wird. Auf dem Steinpflaster rings um das leuchtend grüne Wasser bereitete das Team Maestro Bertoluccis – wunderbar unpassend nach der neuesten italienischen Mode gekleidet – hier eine Szene für »Little Buddha« vor, die in einem einzigen komplizierten Take aufgenommen werden sollte: Prinz Siddhartha entdeckt darin Alter, Krankheit und Tod. Riesige weiße Seidenreflektoren hingen von den jahrhundertealten Dächern, während die Kameraschienen sorgfältig zwischen den holprigen Pflastersteinen verkeilt wurden. Einige »kranke« Statisten wurden in Position gebracht, aber als der Set gerade freigegeben werden sollte, erschien eine alte Frau neben dem Steinaltar am Wasserbecken. Ungeachtet der großen Aufregung brachte sie in aller Ruhe ihr Opfer dar und betete.

Tibet – Rongbuk

3. DEZEMBER

RONGBUK GILT ALS DAS HÖCHSTE KLOSTER DER WELT, und sein Gästehaus auf der gegenüberliegenden Straßenseite ist von allen Orten, in denen man übernachten kann, einer der anstrengendsten. Jeder in Michael Palins Himalaya-Team hatte in unterschiedlichem Maß mit der Höhenluft zu kämpfen; auf 5000 Metern über dem Meeresspiegel bleibt einfach nicht mehr sonderlich viel Sauerstoff übrig. Dummerweise fasste ich den Plan, mit etwas Tai-Chi meinen Kreislauf wieder in Schwung zu bringen, musste aber mittendrin aufgeben. Nach einer Zigarette auf dem Parkplatz und etwas Tee fühlte ich mich, seltsam genug, deutlich besser. Als es dunkel wurde, peitschte ein heftiger Wind über den Gipfel des Mount Everest, und ich rüstete mich für eine unruhige Nacht. Auf dem Weg zum Basislager fuhren wir an den Ruinen des ursprünglichen Rongbuk-Klosters vorbei, und ich ertappte mich bei dem Gedanken, wie verrückt der Homo sapiens eigentlich sein kann: Wer nimmt den langen Weg bis hier oben in Kauf, um einige Gebäude zu zerstören?

Nepal – Bhaktapur

29. JANUAR

Eine alte Frau bringt in Bhaktapur an einem Steinaltar ein Opfer dar.

China – Lijiang

4. DEZEMBER

Auf dem Markt von Lijiang frittiert eine alte Frau übergroße »Pommes«.

Neuseeland – Dunedin

28. JANUAR

DUNEDIN WIRKT WIE DER GEIST einer schottischen Vergangenheit, die mitten in den Pazifik versetzt wurde. Ein Denkmal von Robert Burns blickt vom Hügel auf die Universitätsstadt herab, bei der es sich ebenso gut um das Dundee oder Edinburgh eines früheren Jahrhunderts handeln könnte; selbst der kalte graue Nebel, der die umliegenden Hügel einhüllt, ist unverkennbar schottisch. An einem solchen Tag erlebten wir den alljährlichen Leith Run, ein traditionelles Aufnahmeritual am Selwyn College der »University of Otago«. Die Studienanfänger müssen etwa eine Meile durch den Leith River, der durch das Stadtzentrum fließt, zurücklegen – mehr schlecht als recht über das felsige Flussbett rennend, planschend, rutschend und krabbelnd. An den Ufern oberhalb warten lautstark die älteren Kommilitonen, die sie johlend und spottend anfeuern und gleichzeitig mit schmutzigen, gelegentlich auch übel riechenden Wurfgeschossen malträtieren. Das Ganze wirkt wie eine Filmszene aus *Braveheart*, wenngleich Opfer und Peiniger mit gleich viel Spaß und guter Laune bei der Sache sind.

China – Lijiang

5. DEZEMBER

NACH DEM ERDBEBEN ERLEBTE LIJIANG EINE ART RENAISSANCE. Die Regierung bewilligte Mittel für den Wiederaufbau und die Erweiterung der Infrastruktur, die UNESCO unterstützte die Restaurierung der Altstadt. Eine gänzlich neue Stadt erhebt sich nun auf der Ebene, Hochhäuser, Fast-Food-Ketten, Supermärkte und Luxusferienvillen schossen am Stadtrand wie Pilze aus dem Boden. In der Nähe entstand ein internationaler Flughafen, der jedes Jahr über drei Millionen Touristen abfertigt, die dann hinter den gelben Fähnchen ihrer Führer durch Lijiang trotten. Die Kanäle und Brücken, die gepflasterten Straßen, die sich zwischen den reizvollen historischen Gebäuden die Hügelflanken emporwinden, sind geblieben. Doch wurden sie so restauriert und auf Hochglanz getrimmt, dass die neue Altstadt nun wie ein Vergnügungspark wirkt, was jegliche Wiedersehensfreude für jene, die die Stadt schon früher kannten, zunichtemacht. Nur frühmorgens, wenn die Touristen noch schlafen, lässt sich noch etwas von dem alten Zauber einfangen.

Neuseeland – Dunedin

27. JANUAR

In Dunedin ist das Aufnahmeritual an der Universität buchstäblich eine Schlammschlacht.

Chile – Tierra del Fuego

6. DEZEMBER

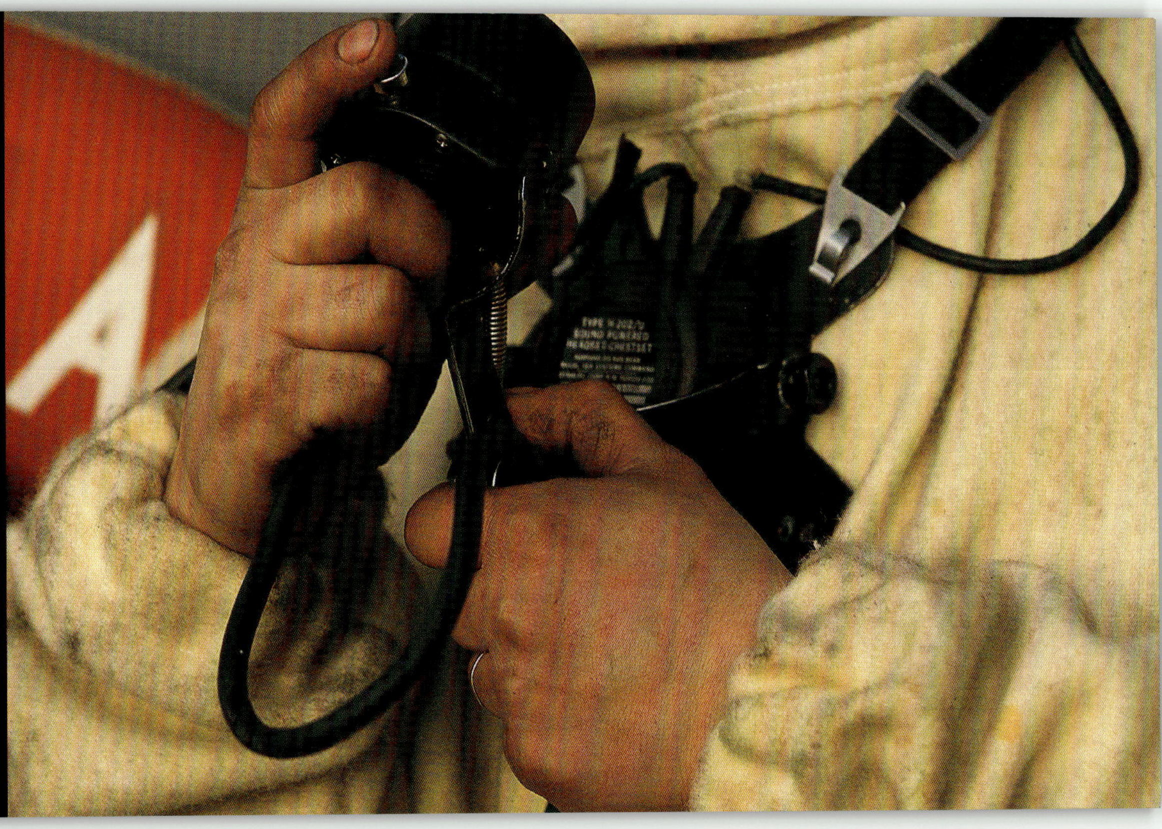

Ein Matrose der Isaza kommuniziert per Funk mit dem Piloten eines Hubschraubers, der über dem Schiff knattert.

Tibet – Samye

26. JANUAR

DAS ERSTE BUDDHISTISCHE KLOSTER TIBETS entstand in Samye, in einem Tal südöstlich von Lhasa unweit des Flusses Yarlung Tsangpo (auch Brahmaputra). Aufgrund der großen Höhe war der Anstieg auf engen steilen Pfaden hinter dem Kloster sehr beschwerlich. Auf dem Gipfel wurden die Strapazen jedoch mit einem spektakulären 360°-Blick auf die umgebenden Täler belohnt. Samye wurde als dreidimensionales Mandala entworfen, als eine Darstellung des buddhistischen Ideals des Universums. Die daraus resultierende Struktur ist ziemlich atemberaubend. Auf dem Gipfel stand eine einsame Steinhütte, in der ein einzelner Mönch lebte, der ein einsames Meditationsritual vollzog: Drei Jahre und drei Monate wollte er weder den Gipfel verlassen noch zu jemandem sprechen. Das Kloster versorgte ihn regelmäßig mit Essen und Wasser und achtete auf seine Gesundheit. Nachdem er seine Gesänge beendet hatte, trat er hinaus in die heraufziehende Abenddämmerung. Unwillkürlich stellte ich mir den Wintereinbruch hier vor.

Chile – Tierra del Fuego

7. DEZEMBER

DIE NÄCHTLICHE SCHIFFSFAHRT WAR HART: Im Marinestützpunkt Puerto Williams gingen wir an Bord der *Isaza*, eines 500 Tonnen schweren Patrouillenbootes der chilenischen Marine. Der Wind war rau, der Regen eiskalt, die Nacht dunkel. Kommandant Merino hatte ernsthafte Bedenken, ob er uns am Ziel sicher an Land bringen könnte, da sich das Wetter zu Winterbeginn zusehends verschlechterte. Wir wurden unter Deck in winzigen Kabinen mit sechs schmalen Kojen verstaut. Der Matrose, dessen Koje ich benutzen durfte, hatte einen ziemlich ausgeprägten Geruch. Auf unserem Weg nach Süden zum Antarktischen Ozean und nach Feuerland wurde das Meer immer rauer, und irgendwann konnte man nicht mehr unterscheiden, ob Regen oder die Wellen gegen das Bullauge schlugen. Nach einer fast durchwachten Nacht voller Schrecken – ich träumte wiederholt, ich sei in einem Sarg gefangen – ging ich beim ersten Tageslicht an Deck. Dort beobachtete ich, wie einer der Männer einem Hubschrauber Instruktionen gab, der ein Netz voller Ölfässer vom Achtersteven des Patrouillenbootes hob.

Tibet – Samye

25. JANUAR

Eine Kanne mit Wasser zählt zu den wenigen Dingen, die diesen Eremiten bei Samye mit der Außenwelt verbindet.

Indien – Amritsar

8. DEZEMBER

Ein Freiwilliger beim »Schalottendienst« im Langar, der rund um die Uhr geöffneten Pilgerküche des Goldenen Tempels.

China – Rongjiang

24. JANUAR

AUF DER STRECKE VON RONGJIANG NACH KAILI kamen wir an zwei Hochzeiten und zwei Beerdigungen vorbei – ein Tag voller Vorzeichen. Auf der ersten Beerdigung bildeten die weißen Schals, die jeder um den Kopf trug, einen scharfen Kontrast zum dunklen verregneten Himmel. Schwarze Figuren bewegten sich zwischen Säulen aus Dampf, die aus gewaltigen Kochkesseln emporstiegen. Diese standen auf aus Ölfässern gefertigten Öfen. Die Frauen saßen in Gruppen am Straßenrand, putzten und schnitten Berge grünen Gemüses und roter Paprikaschoten, während die Männer über einem Ratespiel zusammenstanden. Mit Elan schmetterten sie Banknoten mit dem Konterfei Maos als Wetteinsatz auf den Tisch, um sich die Zeit bis zum Mittagessen zu vertreiben. Eine Stunde später kamen wir auf unserem Weg an einem weiteren riesigen Leichenschmaus vorbei, zu dem das gesamte Dorf eingeladen war. Hunderte von Menschen saßen an langen Tischreihen entlang der gesamten Hauptstraße. Mithilfe dreirädriger Fahrradrikschas wurden köstlich aussehende Speisen vor den Tafelnden vorbeigefahren. Wir hatten große Lust zu fragen, ob wir zum Essen bleiben dürften.

Indien – Amritsar

9. DEZEMBER

IM ZENTRUM AMRITSARS erhebt sich übet den lärmenden Straßen voller Verkehr und kleiner Stände mit Blumen, religiösen Motiven und Postern von Hindu-Filmstars eine Reihe riesiger weißer Stuckgebäude, die von einer aufwendigen goldenen Kuppel gekrönt werden. Dies ist der heiligste und großartigste aller Gurudwaras (Tor zu den Gurus), der Orte des Glaubens der Sikhs. Der Goldene Tempel oder Hari Mandir (Tempel Gottes) befindet sich in der Mitte eines großen Teichs. Ein Damm verbindet ihn mit der Promenade und dem großartigen weißen Gebäudekomplex, der ihn von allen Seiten umschließt. Der Goldene Tempel gilt als das größte Heiligtum und spirituelles Zentrum der 20 Millionen Sikhs in Indien und ihrer zahlreichen Glaubensgenossen in aller Welt. Bis zu 50.000 Gläubige besuchen das Heiligtum täglich und erweisen dem heiligen Buch, das innerhalb des glitzernden Tempels aufbewahrt wird, ihre Verehrung. Die Marmorwände sind mit 500 Kilogramm Gold verkleidet.

China – Rongjiang

23. JANUAR

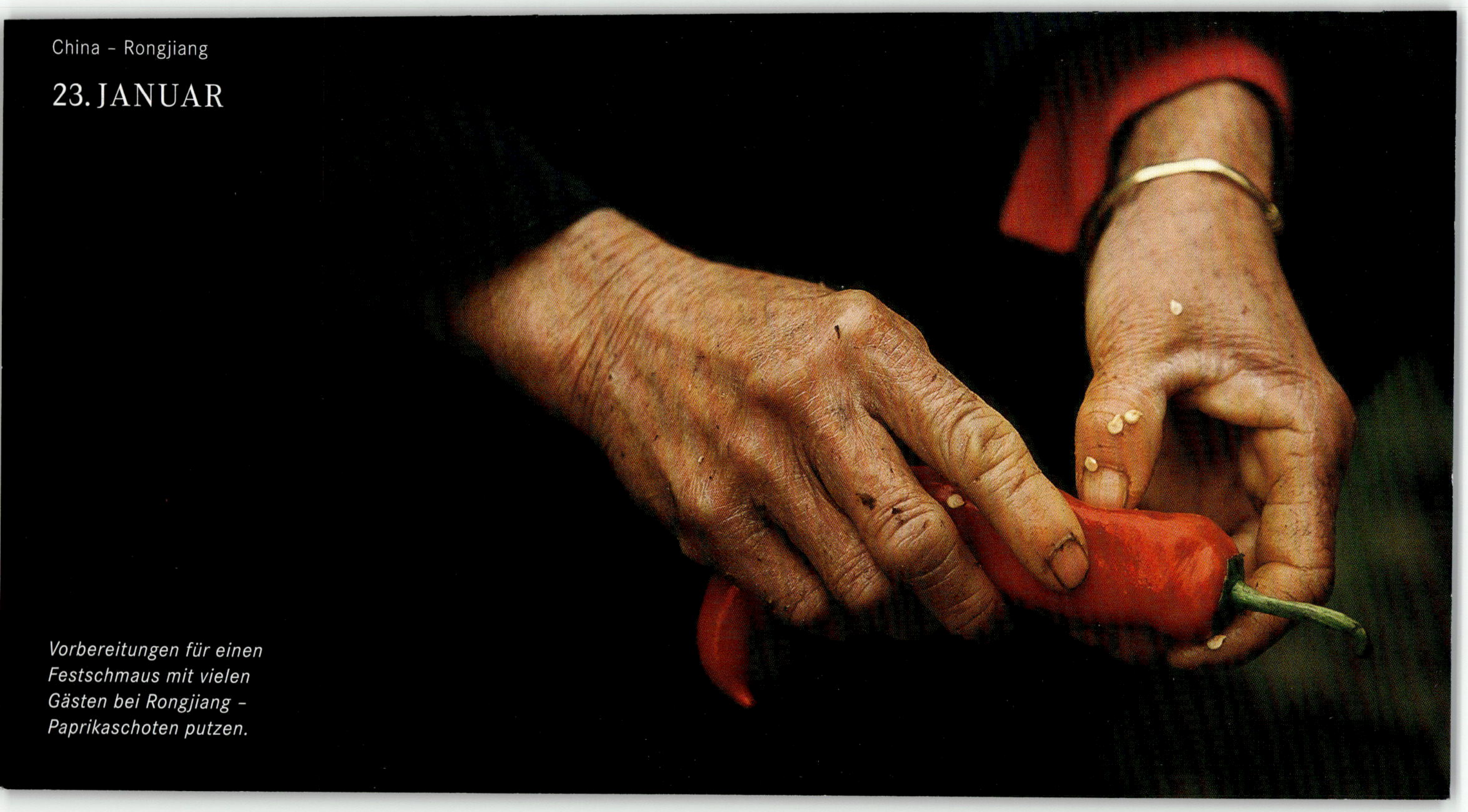

Vorbereitungen für einen Festschmaus mit vielen Gästen bei Rongjiang – Paprikaschoten putzen.

Indien – Amritsar

10. DEZEMBER

In einer für alle offenen Armenküche im Sikh-Tempel Hari Mandar sammelt ein freiwilliger Helfer die Löffel ein.

China – Xishuangbanna

22. JANUAR

DER AUTONOME BEZIRK XISHUANGBANNA der Dai befindet sich im äußersten Süden der Provinz Yunnan an der Grenze zu Myanmar und Laos. Hier hat man den »Garten der Dai« angelegt, den man als erstes »Ökodorf« Chinas zu verkaufen versucht. Dazu fasste man fünf traditionelle Dörfer der Dai samt ihrer 1500 Einwohner in einer Art »Safari«-Park zusammen, um Tourismus und Anthropologie miteinander zu verbinden. Die Touristen zahlen Eintritt, um die traditionelle Lebensweise der Dai kennenzulernen, ihre Küche zu probieren, ihren Nippes zu kaufen und ihre Kultur in Gesangs- und Tanzvorführungen zu erleben. Hierzu gehören die Neujahrsfeiern, besonders das berühmte Wasserfest, das auf dem Hauptplatz des »Gartens« nachgestellt wird. Das Volk der Dai zählt zur großen Familie der Bergvölker, die in jenem Gebiet leben, das sich vom nördlichen Thailand über Laos und Myanmar bis nach Yunnan erstreckt. Ihre Architektur und ihre Sprachen weisen viele Gemeinsamkeiten auf, sie besitzen dieselbe Religion (Hinayana-Buddhismus) und teilen zahlreiche Bräuche.

Indien – Amritsar

11. DEZEMBER

DIE VIER TORE DES GEBÄUDEKOMPLEXES DES GOLDENEN TEMPELS symbolisieren die Offenheit des Sikhismus und den Grundsatz, dass alle Menschen unabhängig von Religion, Kaste, Geschlecht und Überzeugung hier willkommen sind. Für die Sikhs zählen körperliche Tapferkeit, Geschäftssinn und Nächstenliebe zu den wesentlichen Elementen ihrer Glaubenspraxis. Die Institution der Langars – der Großküchen, die in allen Tempeln der Sikhs kostenlose Mahlzeiten anbieten – verleiht diesen Idealen deutlichen Ausdruck. Im Hari Mandir wird diese Philosophie in geradezu industriellen Maßstäben umgesetzt. Die Langars sind hier sehr groß und über mehrere Gebäude verteilt, von denen eines allein der Herstellung von Chapattis vorbehalten ist. An Wochentagen werden etwa 50.000 Mahlzeiten verteilt, an Wochenenden doppelt so viele. Hunderte Freiwillige, von Ärzten bis zu Straßenreinigern, helfen bei der Zubereitung, dem Austeilen der Mahlzeiten und dem anschließenden Spülen. Der Gedanke einer organisierten Religion hat mir nie sonderlich zugesagt, aber die gelebte Nächstenliebe der Sikhs findet meine Bewunderung.

China – Xishuangbanna

21. JANUAR

Traditionell lassen sich viele Männer der im Süden Chinas ansässigen Dai tätowieren.

China – Laohan

12. DEZEMBER

Ein Gärtner macht in dem Dorf Laohan den Bambus winterfest.

China - Dazu

20. JANUAR

ETWAS ABSEITS DER HAUPTVERBINDUNGS-STRASSE zwischen Chongqing und Chengdu liegt der Kreis Dazu, was man mit »Großer Fuß«, aber auch als »Reichliche Ernte« übersetzen könnte. In der Region finden sich Grotten, die von der Tang- bis zur Song-Dynastie mit insgesamt über 50.000 buddhistischen, taoistischen und konfuzianischen Figuren verziert wurden. Außerdem wurden über 100.000 Schriftzeichen in die Felswände gemeißelt. Am bedeutendsten sind die wunderschönen Steinmetzarbeiten in den Grotten des Baodingshan (Schatzkammerberg). Kurz außerhalb des Ortes Baoding fielen mir am Straßenrand merkwürdige geometrische Bündel auf, die auf den ersten Blick wie exotische rote Blumen aussahen. Wie sich herausstellte, waren es Räucherstäbchen. Das freundliche Paar, das sie vor seinem Haus zum Trocknen aufgereiht hatte, erklärte uns, dass es sie für die Souvenirshops bei den Grotten herstellte. Ich verbrachte einen herrlichen Nachmittag in der Gegend, wanderte durch die hufeisenförmige Felsschlucht und fühlte mich, gebannt von der Schönheit und Großartigkeit der Steinarbeiten, plötzlich sehr klein und unbedeutend.

China – Laohan

13. DEZEMBER

IM JAHR 1381 ENTSANDTE DER GRÜNDER DER MING-DYNASTIE ein 300.000 Mann starkes Heer in den Südwesten Chinas, um einen Aufstand der Yuan-Dynastie niederzuschlagen. Die Truppen, die meist aus den Nachbarprovinzen Jiangxi und Hunan stammten, schlugen die Rebellen und wurden in Guizhou stationiert. Die meisten Soldaten starben an Krankheiten, aber die stärksten überlebten und besiedelten das Land. Sie verdrängten die ansässigen Volksstämme aus der fruchtbaren Ebene und etablierten ihre eigene, relativ fortgeschrittene Kultur in dem Land der »südlichen Barbaren«. Mit dem Ende der Ming-Dynastie 1644 verschwanden die Han-Soldaten und ihre Nachfahren von der Bildfläche. Das Dorf Laohan (Alt-Han) bei Longli ist einer von weniger als 100 ihrer noch erhaltenen Festungsorte in Guizhou. Die Menschen dort haben bis heute die Sprache, Kultur und Religion ihrer Vorfahren aus dem 14. Jahrhundert erhalten. Im Andenken an ihre militärische Vergangenheit führen die Dorfbewohner eine Dixi-(Boden-) Oper auf. Sie tragen hierbei Holzmasken, die große Generäle darstellen.

China – Dazu

19. JANUAR

Zu dicken Bündeln werden Räucherstäbchen für den Verkauf zusammengefasst.

Neuseeland – Kaikoura

14. DEZEMBER

Ein Maori knackt einen Hummer, den er in einem flachen Becken am Strand der Kaikoura-Halbinsel gefangen hat, für einen Sashimi-Snack.

China – Huangshan

18. JANUAR

ZU EHREN DES BERÜHMTEN »GELBEN KAISERS« HUANGDI wurde das ursprünglich Yishan genannte Gebirge am südlichen Ufer des Jangtse im Jahr 747 in Huangshan umbenannt. Huangdi gilt als Urahn des chinesischen Volkes und soll in diesen Bergen einen Unsterblichkeitstrank gebraut haben. Seit über tausend Jahren wird das Gebirge von Dichtern und Malern aufgesucht. Die seltsam verdrehten, knorrigen Kiefern und der Anblick des Wolkenmeers, aus dem einzelne der 72 Gipfel wie Inseln herausragen, wurden zu Hauptmotiven der traditionellen chinesischen Malerei. Leider sind jene poetischen Tage stiller Meditation seit Langem vorbei. An dem Tag, an dem ich auf den höchsten Punkt des Gebirges, den Lotosblütengipfel, stieg, war ich von Touristenhorden umgeben. Auf der kleinen Plattform am Gipfel fand ich eine größere Menschenmenge vor. Die meisten Besucher trugen identische rote Baseballkappen und warteten ungeduldig darauf, neben der Betontafel mit der Inschrift »Lotos, der höchste Gipfel des Huangshan, 1873 m.« fotografiert zu werden.

Neuseeland – Kaikoura

15. DEZEMBER

UNTER DER TIEFBLAUEN SEE treffen in den tiefen Canyons vor der Küste der Kaikoura-Halbinsel drei höchst unterschiedliche Meeresströmungen aufeinander: Die eiskalten Wasser des Antarktischen Zirkumpolarstroms stoßen hier auf die Ausläufer des warmen Ostaustralstroms der Subtropen und des etwas kühleren Südäquatorialstroms aus dem Herzen des Pazifiks, was ein unglaubliches Planktonvorkommen und eine große Vielfalt an maritimem Leben hervorbringt. Entsprechend suchen Pott- und andere Wale unmittelbar vor dem schmalen, von schneebedeckten Bergen und Kalksteinklippen überragten Küstenstreifen nach Nahrung, was Whalewatching zu einer der Hauptattraktionen des Ortes gemacht hat. Der Legende nach siedelten hier die ersten Maori auf Neuseeland, archäologische Funde belegen, dass in dieser Gegend vor Hunderten von Jahren der heute ausgestorbene Moa gejagt wurde. Die Fülle an Meerestieren, Seelöwen und Vögeln, die die Maori damals angezogen haben muss, ist noch immer beeindruckend.

China – Huangshan

17. JANUAR

Eine Straßenhändlerin zählt konzentriert ihre Einnahmen.

Kolumbien – Cosquez

16. DEZEMBER

Die Arbeiter der Smaragd-mine Cosquez werden von schwer bewaffneten Patrouillen bewacht.

China – Suzhou

16. JANUAR

»DAS PARADIES IST IM HIMMEL, AUF ERDEN HABEN WIR SU-HANG« lautet ein chinesisches Sprichwort, das die Schönheit von Suzhou und Hangzhou rühmt. Beide Städte erlebten im 7. Jahrhundert als wichtige Handelspunkte am Kaiserkanal ihren Aufschwung, Wohlstand und Größe wuchsen im Lauf der aufeinanderfolgenden Dynastien beständig weiter. Beide Städte sind auch heute noch bedeutende Zentren hochwertiger Seidenproduktion, doch Suzhou wird vor allem für seine hübschen Frauen und schönen Gärten gerühmt. Im Zhuozheng Yuan (Garten des bescheidenen Beamten) sollte ich beides finden. Die um 1513 als Alterssitz für einen kaiserlichen Beamten der Ming-Dynastie konzipierte Anlage gilt als einer der vier klassischen großen Gärten Chinas. Das »menschliche Maß« der Anlage beeindruckte mich am meisten, als ich zwischen den Bäumen auf verschlungenen Steinpfaden entlang den Wasserläufen spazierte, die an merkwürdig geformten Felsen vorbei in Teiche mit Lotosblumen fließen. In einem Pavillon wurde Tee gereicht, während eine hübsche junge Frau die Pipa, ein lautenähnliches Instrument, spielte und dazu klassische Balladen aus Suzhou sang.

Kolumbien – Cosquez

17. DEZEMBER

DIE SCHWÜLE LUFT IM DSCHUNGEL war genauso dick und feucht und schwer wie der metallgraue Schlamm am Boden. Meine Kleidung war schweißgetränkt, und ich bangte um meine Kameras, die an meinen Schultern bedrohlich hin und her baumelten. In dem dicken Matsch unter meinen Füßen wären sie unwiderruflich verloren gewesen. Überall um uns herum blickten wir in Gewehrläufe und schmutzige Gesichter. Etwa ab der halben Höhe des Hangs bis hinunter zum Flussbett durchwühlten Hunderte Guaceros – »Schatzsucher« – die Schlacken, die täglich an der Rinne am unteren Ende der Mine entsorgt wurden. In den trüben schwarzen Wassern suchten sie nach winzigen Spuren Smaragdstaubs. Seit Beginn der Ausbeutung der Mine Mitte der 1970er-Jahre sind dort Tausende Menschen durch Kämpfe, Unfälle und Krankheiten ums Leben gekommen. Die reichste Smaragdmine der Welt wird mit harter Hand geführt, dennoch bleibt sie ein Anziehungspunkt für all jene, die hoffen, ihr Schicksal möge sich mit etwas Glück zum Besseren wenden.

China – Suzhou

15. JANUAR

Eine junge Frau spielt in Suzhou eine viersaitige Pipa aus Edelholz.

Indien – Udaipur

18. DEZEMBER

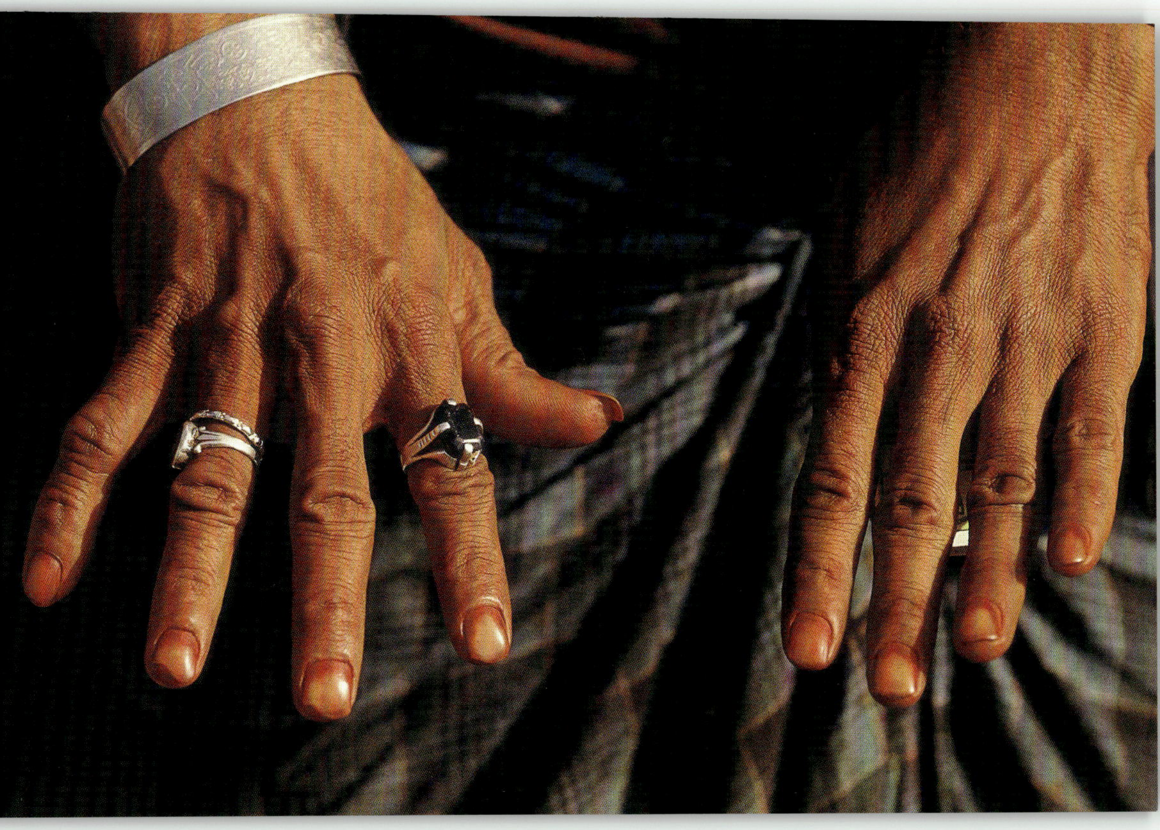

Sichtbare Spuren – ein Textilfärber in der Altstadt von Udaipur.

Äthiopien – Boditi

14. JANUAR

BODITI IST EIN KLEINES DORF MIT 600 EINWOHNERN in der Nähe des Awasa-Sees in Zentraläthiopien. Wir besuchten es auf unserer Reise »Von Pol zu Pol«, um zu sehen, wie die Mittel von Hilfsorganisationen wie Oxfam eingesetzt werden. In diesem Dorf hatte man einen Brunnen gebaut, dessen Bohrung durch eine Spende von 3700 US-Dollar durch Comic Relief finanziert worden war. Der Dorfbrunnen arbeitete mit einer simplen Pumpe aus zwei Teilen, die sich einfach mit einem Schraubenschlüssel austauschen ließen. Aus dem 30 Meter tiefen Bohrloch fördert sie scheinbar unerschöpflich frisches, sauberes Wasser. Nick von Oxfam erklärte uns, dass die Pumpe, abgesehen von den offensichtlich positiven Auswirkungen auf die Gesundheit der Dorfbewohner, vor allem das Leben der Dorffrauen grundlegend verändert. Bevor der Brunnen gebohrt worden war, mussten die Frauen das Wasser aus einem zwei Gehstunden entfernten verschmutzten Fluss holen. Vier Stunden schenkt ihnen der Brunnen am Tag, diese Zeit können sie nun unter anderem für die bessere Ausbildung ihrer Kinder nutzen, wie für diesen Jungen, der auf dem Nachhauseweg seine Projektarbeit aus der Schule auf dem Kopf trägt.

Indien – Udaipur

19. DEZEMBER

Von meinem Zimmer aus blickte ich auf das Lake Palace Hotel in der Mitte des Pichola-Sees, das Shah Jahan zum Bau des Taj Mahal inspiriert haben soll. Im Restaurant wurden mogulische Gerichte serviert, für meinen Geschmack die beste indische Küche. Ich ließ mich durch das Labyrinth kleiner Gassen treiben, die die Chinesen wegen ihrer vielen Windungen »Ziegengedärm-Gässchen« nennen würden. Mit der unglaublichen Kunstfertigkeit, mit der alles hergestellt war, was ich hier sah, zog mich die Stadt in ihren Bann. Von den spitzenähnlichen Marmorschnitzarbeiten im Tempel bis zu den Miniaturgemälden, die an den Straßenständen verkauft wurden, wohnte allem ein gewisser Zauber inne.

UDAIPUR, DIE STADT DER SEEN, wurde nach dem Rana Udai Singh benannt. Er hatte von einem heiligen Weisen den Rat erhalten, seine neue Hauptstadt an den Ufern des Pichola-Sees zu errichten, mit dem Versprechen, dass sie »niemals erobert werden« würde. Wir wohnten in einem kleinen Hotel mit 16 Zimmern innerhalb des riesigen Gebäudekomplexes des Stadtpalasts, der das ursprüngliche Zentrum bildet.

Äthiopien – Boditi

13. JANUAR

Frisches sauberes Wasser – nicht nur in Äthiopien ein Quell des Lebens.

China – Tongli

20. DEZEMBER

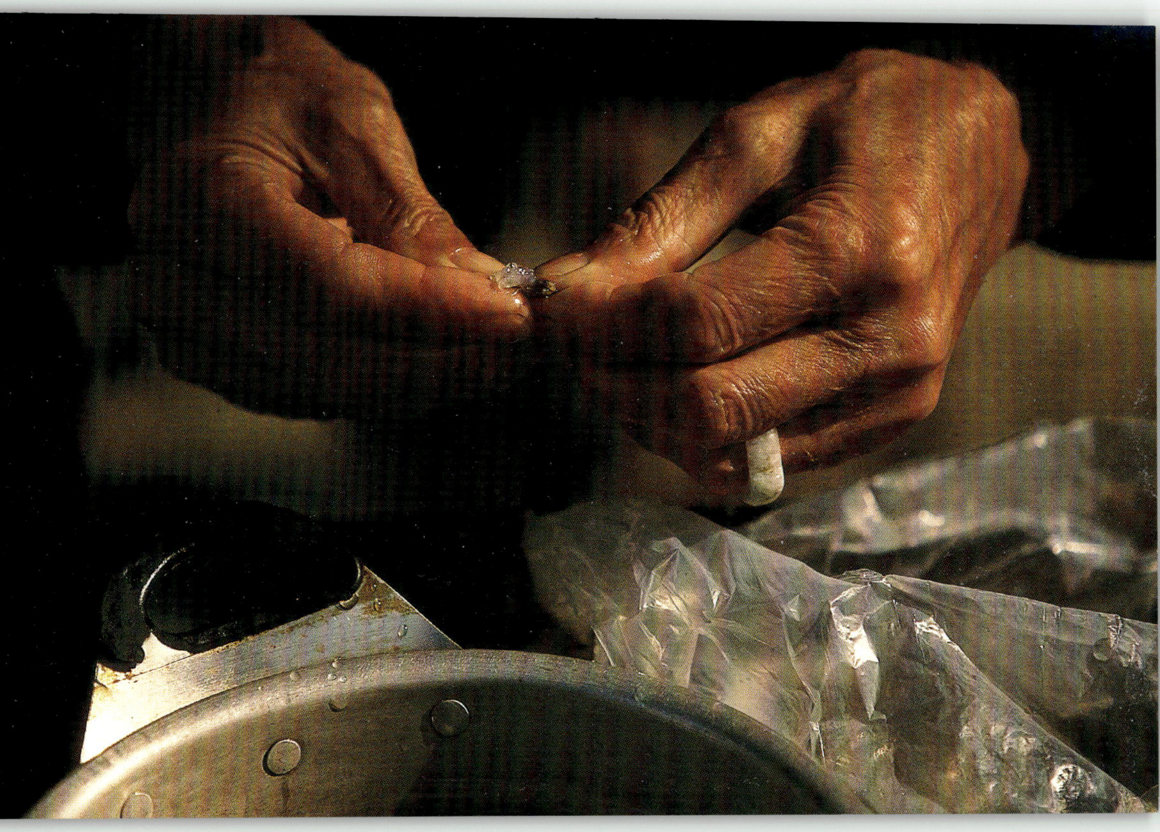

Ein älterer Mann drückt sorgfältig das Fleisch aus winzigen Garnelen.

Kolumbien – Cartagena

12. JANUAR

URSPRÜNGLICH ERRICHTETEN DIE SPANIER DIE GROSSE FESTUNG VON CARTAGENA zur Verteidigung gegen karibische Piraten. Diese hatten es auf den Reichtum aus dem spanischen Andenreich abgesehen, der auf dem Rücken von Maultieren in die Hafenstadt transportiert wurde. Geplündertes Gold, Edelsteine, Wertsachen und anderes Diebesgut aus den Tempeln und Palästen der besiegten Inka wurden in Cartagena zusammengetragen und von dort nach Spanien verschifft. Als die spanischen Conquistadores sich hier niederließen und auch das fruchtbare Umland besiedelten, wurde die Hafenstadt zu einem Zentrum des Sklavenhandels. Afrika, die Neue und die Alte Welt verbanden sich zu einer bezaubernd schönen ethnischen Mischung. Heute ist die Stadt eine Insel der Ruhe inmitten eines Landes, in dem Gewalt und Grausamkeit herrschen, vermutlich weil die Ferienwohnsitze der Drogenbarone unmittelbar an jene der etwas orthodoxeren Elite Kolumbiens angrenzen. So besaß auch der große kolumbianische Schriftsteller Gabriel Garcia Marquez († 2014) ein schönes Haus in der Altstadt.

China – Tongli

21. DEZEMBER

IN DIESER GEGEND DER BERÜHMTEN REIZVOLLEN »WASSERSTÄDTE« an den Zuflüssen des Kaiserkanals zählt der tausendjährige Ort Tongli nahe Suzhou zu den zahlreichen Anwärtern auf den Titel »Venedig des Ostens«. Ich habe viele von ihnen besucht, und die meisten, wenngleich zweifelsohne schön, sind entweder zu touristisch, oder es fehlt ihnen etwas, um die Krone wirklich beanspruchen zu können. Doch wenn man hier in einem kleinen Sampan über die historischen Kanäle fährt, sich unter niedrigen, erlesenen Steinbrücken duckt, das Spiel von Licht und Schatten durch die Blätter genießt und den Dorffrauen beim Waschen auf den alten Steinstufen zusieht, wähnt man sich in eine vergessene Zeit zurückversetzt. Wenn man sich auch nicht unbedingt an Venedig erinnert fühlt, so doch stark an Torcello oder Murano, was vermutlich ohnehin das größere Kompliment ist.

Kolumbien – Cartagena

11. JANUAR

Fruchtige Erfrischung: Eine Frau verkauft Mangos am Strand von Cartagena.

Indonesien – Borobudur

22. DEZEMBER

Ein Bauer mit zappelnden »Setzlingen« für seine Fischteiche unweit von Borobudur.

Tibet – Lhasa

10. JANUAR

DURCH KÖNIG SONGTSEN GAMPOS EHESCHLIESSUNGEN mit einer nepalesischen und einer chinesischen Prinzessin – beide Buddhistinnen – gelangte im 7. Jahrhundert der Buddhismus nach Tibet. Der Legende nach soll am Tag der Ankunft der chinesischen Prinzessin Wen Cheng in Lhasa einer ihrer Mitgiftwagen mit einem Bildnis des heiligen Buddha im Schlamm stecken geblieben sein. Die königlichen Wahrsager deuteten das unheilvolle Omen so, dass eine unter der Erde Tibets wohnende teuflische Riesin fest entschlossen sei, die Einführung der neuen Religion aufzuhalten. Man entschied sich für den Bau eines Tempels, der das Buddhabildnis in Lhasa aufnehmen sollte. Nach den Gesetzen der Geomantik sollten dann vom Zentrum Lhasas ausgehend 108 weitere Tempel in ganz Tibet entstehen – ein riesiges Mandala, das sich wie ein Netz über die Riesin legen und sie zähmen würde. Jokhang entstand über dem Herzen der Riesin als einer der ersten buddhistischen Tempel in Tibet. Der Pilgerweg Barkhor (Acht Ecken), der um den Tempelbezirk um Jokhang herumführt, umschließt nach wie vor das spirituelle Zentrum des tibetischen Volkes.

Indonesien – Borobudur

23. DEZEMBER

VON YOGYAKARTA AUS FUHREN WIR NACH NORDOSTEN durch das Kedu-Becken zum Candi Mendut. Der Tempel liegt etwa 40 Kilometer außerhalb der Stadt. In seinem Gewölbe stieß ich auf einen großartigen, drei Meter hohen Buddha. Statt in der üblichen Lotoshaltung thront er mit den Füßen am Boden. Aufgrund der ungewöhnlichen Haltung fragte ich mich, ob die Statue nach dem Vorbild eines buddhistischen Königs der Sailendra-Dynastie geschaffen worden war, der den unweit gelegenen Tempelkomplex in Borobudur in Auftrag gegeben hatte. So etwas war zur damaligen Zeit nicht unüblich. Ein berühmtes Beispiel ist der 17 Meter hohe Buddha in den Longmen-Grotten (Drachentor-Grotten) in China, dessen Gesicht angeblich dem der Kaiserin Wu Zetian ähnlich sehen soll, einer Herrscherin, die das Werk im 7. Jahrhundert finanziert hatte. Der Mendut-Tempel wurde von den Pilgern für Reinigungsrituale auf dem Weg nach Borobudur genutzt, das etwas weiter zwischen Reisfeldern aufragte.

Tibet – Lhasa

9. JANUAR

Hände und Gesten des Buddha spielen in der buddhistischen Kunst eine wichtige Rolle.

Bhutan – Punakha

24. DEZEMBER

Ein hingebungsvoller Pilger in der Punakha Dzong, dem »Palast des großen Glücks«.

China – Peking

8. JANUAR

DIE IN DEN 1950ER-JAHREN ERBAUTE »KUNSTFABRIK 798« ist Teil eines ehemaligen Industriekomplexes im Stadtteil Dashanzi im Nordosten Pekings. Einst war dies ein bedeutender Elektronikproduzent, der auch wesentliche Bauteile für die erste chinesische Atombombe und für Satelliten lieferte. Nach der Schließung in den späten 1980er-Jahren wurde sie im folgenden Jahrzehnt von örtlichen Künstlern mit Erfolg wiederbelebt und bildet heute eine florierende Gemeinschaft aus Künstlerstudios, Galerien, Design- und Werbeagenturen, Restaurants und Kneipen. Der Erfolg der »Factory 798« gab Anlass zu zahlreichen Nachahmerprojekten. In einer unauffälligen Seitenstraße stießen wir – hinter Mauern, die mit riesigen Masken der Pekingoper bemalt waren – auf ein Fotostudio mit dem Namen »Puder, Tinte und dicke Schminke«. Es hat sich auf Portfätfotografie spezialisiert, wobei die Kunden in berühmte Charaktere der Pekingoper, in Größen aus Politik und Industrie oder in ruhmreiche Filmstars aus dem Shanghai der 1930er-Jahre verwandelt werden. Ältere Paare aus der Zeit der Kulturrevolution stellen hier die Hochzeitsfotos nach, die sie niemals besessen haben.

Bhutan – Punakha

25. DEZEMBER

IM 8. JAHRHUNDERT PROPHEZEITE GURU RINPOCHE, dass »ein Mann namens Namgyel kommen und eine Festung auf dem vorderen Teil des Hügels bauen wird, der wie ein Elefantenrüssel aussieht«. Im Jahr 1616 floh Ngawang Namgyel, Abt des Klosters Ralung in Tibet und mächtiger Anführer der Drukpa-Kagyua-Sekte, aus seinem Land und suchte Unterschlupf in Bhutan. Im Laufe der nächsten 35 Jahre besiegte er seine Feinde innerhalb Bhutans, schlug wiederholt Invasionen aus Tibet zurück und vereinigte die westlichen Täler zum Königreich Druk Yul (Land des Donnerdrachen), das er unter dem Titel Shabdrung (Zu wessen Füßen man sich unterwirft) regierte. Im Jahre 1635 kam er nach Punakha und ließ die »Dzong auf der Spitze des Elefantenrüssels« bauen, dort, wo der »Vaterfluss« auf den »Mutterfluss« trifft und sie den Punakha-Chu-Fluss bilden. Der Shabdrung war auch sonst ein großer Bauherr, der unter anderem die Dzongs in Paro, Simtokha und Trongsa errichten ließ.

China – Peking

7. JANUAR

Letzte Vorbereitungen für ein glamouröses Foto in Pekings Fotostudio »Puder, Tinte und dicke Schminke«.

Mali – Timbuktu

26. DEZEMBER

Ein Tuareg-Kameltreiber stopft seine Pfeife aus Tierknochen.

Mongolei – Hulun Buir

6. JANUAR

AUF UNSEREM WEG VON DER KLEINEN STADT MANZHOULI, in der die Transsibirische Eisenbahn die russisch-chinesische Grenze überquert, zum Grasland am Fluss Morigele (das als die schönste Steppe in Hulun Buir gilt) verließen wir die Hauptstraße und fuhren auf einer Sandpiste zu zwei in der Ferne liegenden Jurten. Unser mongolischer Fahrer erklärte uns, dass die in den Jurten lebende Familie der rasch schwindenden Gruppe von Halbnomaden angehört, die noch durch diesen Teil der Steppe ziehen. Andere fliehen die langen sibirischen Winter, indem sie ihre Jurten gegen beheizte Wohnungen in den südlich gelegeneren Städten tauschen. Zwei Schwestern in mittlerem Alter mit den klassischen mondförmigen Gesichtern begrüßten uns und führten uns in ihre »Wohnzimmer«-Jurte, die etwa fünf Meter hoch war und sechs Meter Durchmesser hatte. Während sich die anderen Tee mit salziger Butter und Leckereien aus Ziegenkäse schmecken ließen und mit einem ungestümen schwarzen Kätzchen spielten, entdeckte ich draußen hinter der Jurte den Ehemann, der in seinem riesigen »Hinterhof« seine landwirtschaftlichen Geräte reparierte.

Mali – Timbuktu

27. DEZEMBER

TIMBUKTU BEDEUTET »FRAU MIT DEM GROSSEN NABEL«. Der Überlieferung nach wurde die Stadt nach der Frau benannt, der die örtlichen Tuareg-Männer die Oasensiedlung anvertrauten, wenn sie ihre Tiere zu neuen Weiden brachten. Timbuktu wurde um 1090 am nördlichen Ufer des Niger gegründet. Die Siedlung hatte sich als idealer Umschlagplatz für Steinsalzblöcke erwiesen. Die um die 50 Kilo wiegenden Blöcke wurden von den Kamelkarawanen aus der Sahara auf Schiffe, die flussabwärts fuhren, verladen. Diese beförderten das Salz nach Djenne, wo Mittelsmänner aus Mali mit Händlern aus dem südlich gelegenen Nigeria feilschten. Steinsalzblöcke sollen einmal wortwörtlich ihr Gewicht in Gold wert gewesen sein. Durch die Steuern, die auf den Handel erhoben wurden, gelangten Timbuktu und die malischen Herrscher des Songhai-Reiches zu sagenhaftem Reichtum – sie brachten allerdings ebenfalls endlose Kriege mit den Tuareg mit sich, die die Salzkarawanen kontrollierten. Auch heute noch wird das Mineral mithilfe von Karawanen durch die Wüste befördert.

Mongolei – Hulun Buir

5. JANUAR

Überlebenswichtig: Alle Arbeitsgeräte der Nomaden – ob alt oder neu – müssen stets ordentlich gepflegt sein.

Senegal –
Dakar-Bamako Express

28. DEZEMBER

Ein junges Mädchen dreht auf einem Markt beim Bahnhof in Dakar Fisch durch den Fleischwolf.

Japan – Kyoto

4. JANUAR

MEIN FREUND PICO IYER, der Reiseschriftsteller, den ich immer den »Weisen von Nara« nenne, stellte mir seinen Freund Michael Hofmann vor, einen amerikanischen Maler, der in Kyoto Buddhismus studiert. Dieser machte mich wiederum mit seinem Lehrer bekannt, dem Abt von Tofuku-ji, dem Haupttempel der Rinzai-Sekte des Zen-Buddhismus. Wir betraten den Tempelkomplex aus dem 13. Jahrhundert durch das imposante, 22 Meter hohe Sanmon-Tor, das als ältestes (um 1425) und größtes Tor der Zen-Tradition in Japan gilt. Langsam gingen wir weiter über die Tsuten-kyo, die »Brücke zum Himmel«, erhaschten einen flüchtigen Blick auf die 25 Nebentempel, die anmutig zwischen den Ahornbäumen der südlichen Hügel gelegen sind, und gelangten schließlich zum Hojo, den Gemächern des Abtes, wo wir von Keido Fukushima-roshi begrüßt wurden, einem lebhaften Herrn in den Siebzigern. Sein Gesicht mutete wie ein Vollmond an, von einem reizenden Lächeln und blitzenden Augen erleuchtet, sein Wesen strahlte zeitlose Ruhe aus. Seine Schüler reichten uns Tee und Gebäck, und wir plauderten über dies und das.

Senegal –
Dakar-Bamako Express

29. DEZEMBER

DIE ZUGFAHRT VON DAKAR, der senegalesischen Hauptstadt an der Atlantikküste, nach Bamako, der Hauptstadt Malis, führt über 1200 Kilometer am Niger entlang landeinwärts. Sie sollte planmäßig 36 Stunden dauern. Als alte Hasen in Sachen »afrikanische Züge« nahmen wir es mit dem Fahrplan nicht sonderlich genau. Zu Recht. Die Reise dauerte schließlich 43 Stunden. Wir erreichten den gänzlich unbeleuchteten Bahnhof mit 43 Gepäckstücken, die wir keinem Träger übergeben konnten, da um halb sechs Uhr morgens noch alles schlief. Schon kurz nachdem wir den im französischen Kolonialstil gebauten Bahnhof von Dakar verlassen hatten, gab es die erste erhebliche Verzögerung. Ein Markt hatte sich entlang dem Bahngleis ausgebreitet, und unser Zug fuhr Schritttempo, damit niemand zu Schaden kam. So bot sich den Händlern und Imbissanbietern zu beiden Seiten des Zugs willkommene Gelegenheit, ein Geschäft zu machen. Den Passagieren wurde einfach alles angeboten, von Unterwäsche, Küchenutensilien, Tomaten und Cowboyhüten bis zu Kebab.

Japan – Kyoto

3. JANUAR

Ruhige Hände – der japanische Rinzai-Zenmeister Keido Fukushima-roshi (1933–2011) war ein berühmter Kalligraf.

China – Datong

17. FEBRUAR

BEI MEINEM LETZTEN BESUCH IN DATONG vor fast 30 Jahren gab es keine Straße zu den Yungang-Grotten. Wir gelangten bis zum Kohlebergwerk am Fluss und legten die letzten 17 Kilometer auf unbefestigten Straßen zurück, Stoßstange an Stoßstange mit riesigen zerbeulten Lastwagen, eingehüllt in eine Wolke aus Abgasen und Kohlenstaub. Dann ließen wir unseren Kleinbus zurück und setzten den Weg zum Eingang zu Fuß fort. Morastige Pfade verbanden die 20 Grotten der etwa einen Kilometer langen Anlage, die über 50.000 in den Sandstein gearbeitete Buddhastatuen umfasst. Ich war stolz auf mein Foto von vier Mönchen, die sich vor dem gewaltigen, 17 Meter hohen Buddha zu Boden geworfen hatten. Mittlerweile wird der Verkehr zum Bergwerk umgeleitet, und wir fuhren stattdessen über eine funkelnagelneue breite Straße geradewegs bis zu einem riesigen Parkplatz am Haupttor. In der Anlage sind die Wege zwischen den Grotten nun betoniert, Geländer schützen die Heiligtümer vor den Touristenhorden, die die Pilger ersetzt haben. Die Statuen jedoch sind geblieben – gelassen und Ehrfurcht einflößend.

China – Wushan

14. NOVEMBER

In Wushan gehört Kohle zu den wichtigsten Rohstoffen.

Australien – Kings Creek

18. FEBRUAR

Erwischt! Ein wildes Kamel im Outback des Northern Territory wurde mit dem Lasso gefangen.

USA – Nome

13. NOVEMBER

WIR FRÜHSTÜCKTEN IM FAT FREDDIE'S und entnahmen dem Tischset einige interessante Informationen: »Nome hat 13 Kirchen, 3 Tankstellen, 9 Saloons und 8 Sehenswürdigkeiten und ist 75 Meilen vom nächsten Baum entfernt.« Nome liegt an der Südwestküste der Seaward-Halbinsel. Als 1898 drei Schweden im nahe gelegenen Anvil Creek Gold fanden, stieg die Bevölkerung innerhalb weniger Monate auf 200.000 Menschen an. Auf dem Höhepunkt des Goldrausches ließen 300.000 Goldsucher eine Zeltstadt auf einem Strand an der Beringstraße entstehen, der als Golden Sands of Nome bekannt wurde. Heute besteht die Bevölkerung Nomes aus etwa 5000 kauzigen Individuen, denen der Abstand zu anderen Menschen gar nicht groß genug sein kann. Wir kamen an einem wunderschönen Sommerabend hier an. Ich nahm mein Bier mit ans Meer hinter dem Nome Nugget Inn und blickte lange über das Wasser.

Australien - Kings Creek

19. FEBRUAR

DIE WILDEN KAMELE, die heute in der Buschlandschaft um Kings Creek umherstreifen, stammen von afghanischen Kamelen ab, die nach Alice Springs gebracht und dort auch beim Bau der Bahnverbindung nach Adelaide eingesetzt wurden. Nachdem The Ghan (von Afghanistan Express) im Jahr 1929 den Betrieb aufnahm, wurden die Kamele in die freie Wildbahn entlassen. Das Leben im Outback bekam ihnen, und sie vermehrten sich. Heute sind ihre abgehärteten Nachkommen als Rennkamele in den reichen Ölstaaten äußerst begehrt. Dadurch ist das Jagen geeigneter Kamele im Red Centre zu einer lukrativen Beschäftigung geworden. Im Lauf der Jahre haben die Produzenten von Michael Palins Reiseberichten ihn zu einigen verrückten und gefährlichen Aktionen überredet. Michaels Bereitschaft, alles auszuprobieren, macht es ihnen leicht. Wilde Kamele mit dem Lasso von einem über unwirtliches Gelände jagenden Pick-up aus einzufangen, verdient zweifelsohne das Prädikat des bis dato gefährlichsten Stunts. Mit Freude und Erleichterung schalteten wir unsere Kameras ab, als es ihm nach zahlreichen rasanten Versuchen endlich gelungen war, eines zu fangen.

USA – Nome

12. NOVEMBER

In Nome hält ein Fahrer einen Alaska-Grizzly aus Jade.

China – Dali

20. FEBRUAR

In einer Fabrik in Dali – die Stadt im Südwesten Chinas ist für ihren Marmor berühmt.

Mauretanien - Chinguetti

11. NOVEMBER

CHINGUETTI STEHT AN SIEBTER STELLE DER HEILIGEN STÄDTE des Islam und war ehemals ein großes Zentrum der islamischen Gelehrsamkeit. Die Mauern der mittelalterlichen Altstadt bröckeln etwas, aber die nahen, wunderbar fotogenen Dünen verbergen die niedrigen Gebäude. Die von Abfall gesäumten Straßen vermitteln einen allgemeinen Eindruck unumkehrbaren Verfalls, doch innerhalb der Steinhäuser überlebt eine andere Welt. Es ist die Welt der Bibliothèques, der öffentlichen und privaten Bibliotheken, mit ihren unschätzbaren, 700 Jahre alten Handschriften. Das wertvollste Stück der Bibliotheque Al Haiott ist ein tausendjähriger Koran, aufgrund der trockenen Wüstenbedingungen nach wie vor in hervorragendem Zustand. Eine Abbildung in einer Handschrift zur Sternkunde aus dem 14. Jahrhundert zeigt unser Sonnensystem, in dem die Planeten die Sonne umkreisen, ein deutlicher Beweis dafür, dass die arabischen Astronomen ihren westlichen Kollegen um 200 Jahre voraus waren.

China – Dali

21. FEBRUAR

DAS CHINESISCHE WORT FÜR MARMOR lautet direkt übersetzt »Dali-Stein«. Die Stadt ist berühmt für ihre polierten Marmorplatten. Ihre Maserung soll an die chinesischen Aquarelle erinnern, wie sie in der Verbotenen Stadt, den Gärten von Suzhou, der Moschee von Xian und in den Eingangshallen von Staatsgebäuden zu sehen sind. Auf meine Frage, ob ich eine Marmorfabrik fotografieren dürfte, reagierte unser Reiseführer so ablehnend, als hätte ich darum gebeten, eine Atomrakete ablichten zu dürfen. Meine äußerst erfolgreiche Produzentin Nina dagegen kommt aus Peking und ist an das Wort »Nein« nicht sonderlich gewöhnt. So hielt sie einfach vor einem Gelände voller riesiger Marmorblöcke an, ließ mich am Tor warten und trat ein. Bevor ich meine Zigarette zu Ende geraucht hatte, winkte sie mich schon hinein. Wir durften uns völlig frei bewegen. Ich fand es herrlich, die Arbeiter zu fotografieren, die sehr freundlich zu uns waren und die Aufmerksamkeit sichtlich genossen. Als ich wissen wollte, wie Nina das geschafft hatte, sagte sie, »ich habe einfach gefragt«.

Mauretanien – Chinguetti

10. NOVEMBER

Der Besitzer eines winzigen Ladens in Chinguetti zeigt stolz ein wunderschönes, 600 Jahre altes Tintenfass.

China – Lijiang

22. FEBRUAR

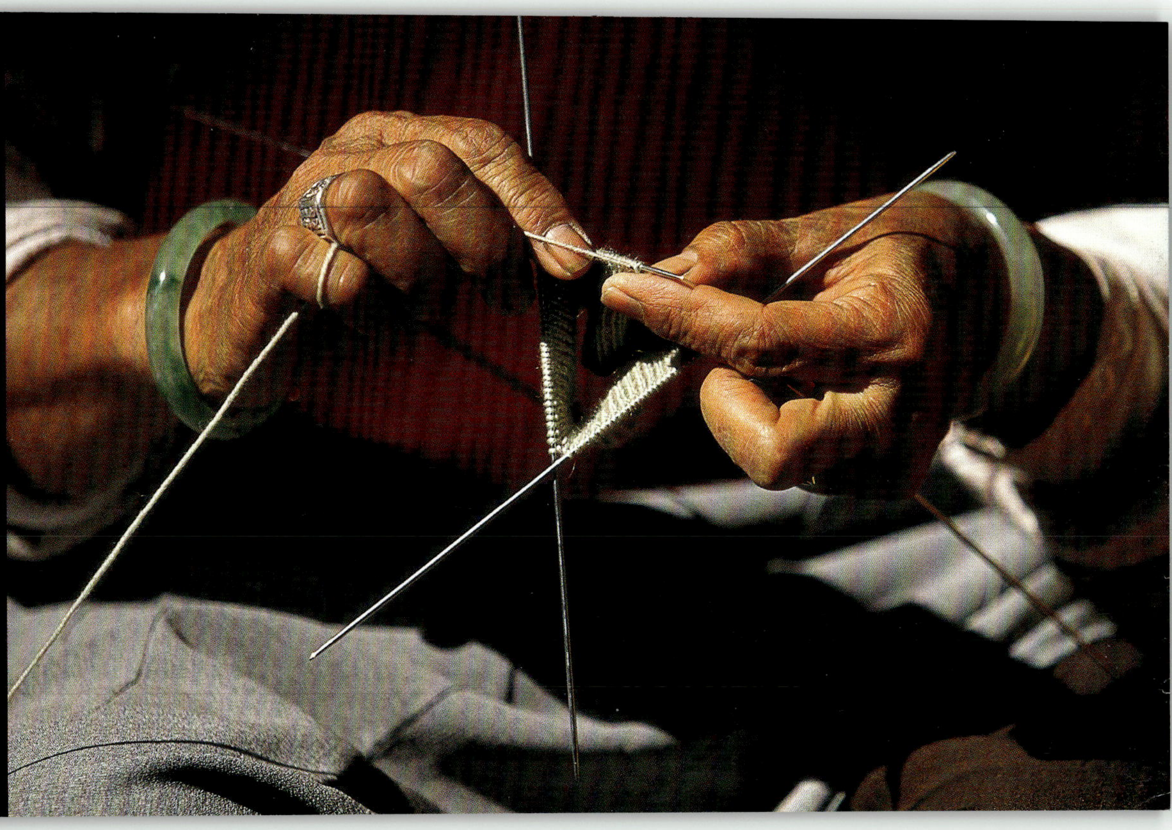

Eine Jadehändlerin in Lijiangs Altstadt vertreibt sich die Zeit mit Stricken.

Indien – Dibrugah

9. NOVEMBER

TEEPLANTAGENBESITZER WIE UNSER GASTGEBER auf dem Mancotta-Gut in Assam sollten den Schotten Robert Bruce als Schutzheiligen verehren. Schließlich war es Bruce, der 1823 als Erster das kommerzielle Potenzial der Teeanpflanzung in dieser Gegend Indiens erkannte und die ersten Plantagen anlegen ließ. Für das hohe Arbeitspensum warb er Arbeiter aus ganz Indien an. Die Region produziert heute pro Jahr durchschnittlich 380.000 Tonnen des weltberühmten Tees, etwa die Hälfte der Gesamtproduktion Indiens. Die Menschen in Assam behaupten, sie seien vor Hunderten von Jahren die Ersten gewesen, die die Kunst der Elefantenausbildung und ihres Einsatzes als Nutztiere beherrschten. Zunächst gehörte in Assam vor allem das Befördern von Baumstämmen zu den Hauptbetätigungen der Elefantentreiber und ihrer Tiere. Nach der Entdeckung des Öls im Jahr 1889 waren sie auch beim Bau der Eisenbahnstrecken tief in den Bergen sehr gefragt. Heute sind die meisten jedoch arbeitslos. Einige wenige werden noch bei der Rodung alter Teepflanzungen auf den Plantagen eingesetzt.

China – Lijiang

23. FEBRUAR

WIE SICH HERAUSSTELLTE, WAR LIJIANG JENER ORT, VON DEM ICH TRÄUMTE, als ich mich durch die Tigersprung-Schlucht schleppte. Das Bett war zwar nicht sonderlich bequem, aber das Hotel gefiel mir. Es bot einen großartigen Blick auf das Jadedrachen-Schneegebirge an den Ausläufern des Himalaya, und das Essen war köstlich. Ein spezieller Schinken aus Yunnan, wilde Pilze aus den Bergen und grünes Gemüse, frisch von den Feldern, sowie Dinge, die ich nie im Leben für essbar gehalten hätte, bereiteten mir den Himmel auf Erden. Doch der verschlafene kleine Ort der Naxi, den ich 15 Jahre zuvor zum ersten Mal besucht hatte, war verschwunden. Im Jahr 1996 war er durch ein heftiges Erdbeben der Stärke 7 auf der Richterskala, durch das 300 Menschen starben und 16.000 verletzt wurden, zerstört worden. Im Gegensatz zu vielen Neubauten hielten die traditionellen Holzhäuser in der Altstadt stand. Die Stadt hatte in den vergangenen 130 Jahren 50 größere Beben erlebt, sodass ihre Erbauer etwas davon verstanden.

Indien – Dibrugah

8. NOVEMBER

Auf Assams berühmten Teeplantagen werden die Blätter mit der Hand geerntet.

Kenia – Chyulu Hills

24. FEBRUAR

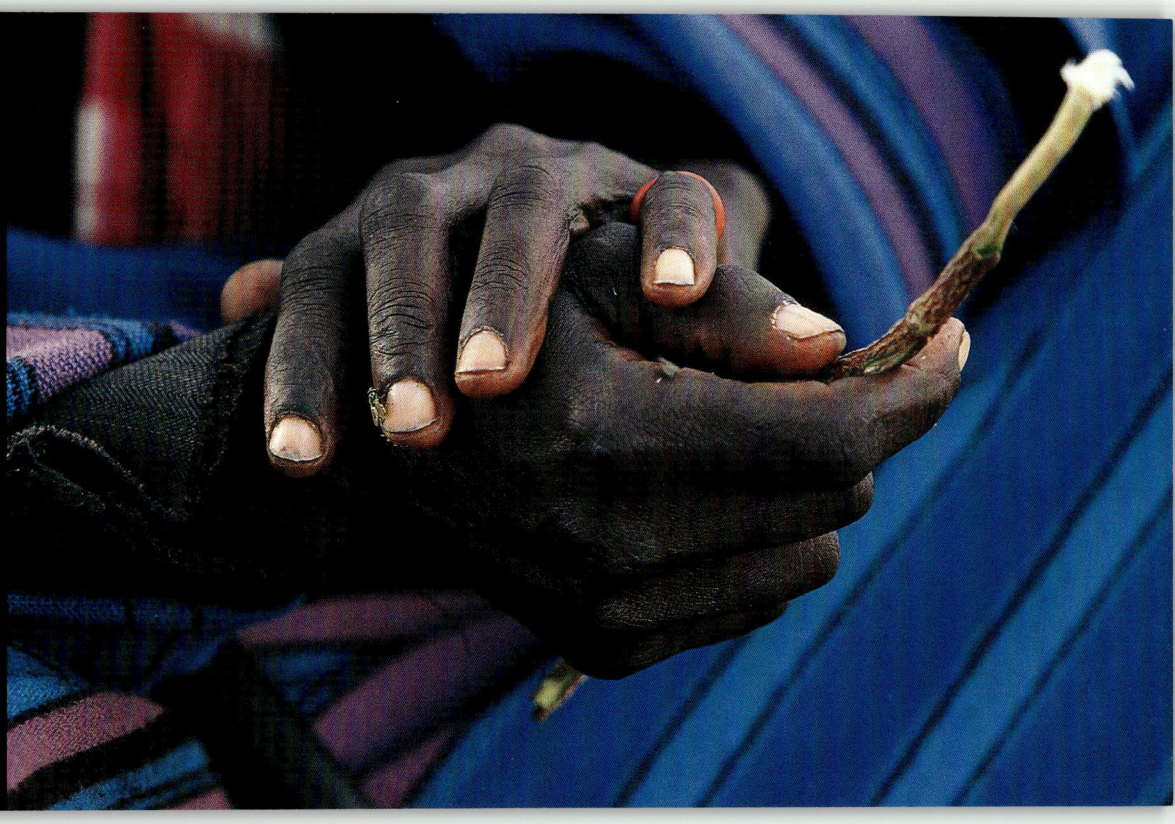

Ein Dorfältester der Massai hält seine Zahnbürste, ein Zweig von einem besonderen Strauch.

Bhutan – Bumthang

7. NOVEMBER

AM BHUTANISCHEN NEUJAHRSTAG hing die Freude spürbar in der Luft, während ich die Hauptstraße von Jakar entlangging. Trotz der bedrohlichen Präsenz der mittelalterlichen tibetischen Festung oben auf dem Hügel erinnerte mich Jakar irgendwie an eine Grenzstadt in einem Spaghettiwestern. Eine Handvoll müder Männer saß in der Sonne auf dem Bürgersteig. Sie pflegten nach einer durchfeierten Nacht ihren Kater.

Ich fühlte mich plötzlich wie der »namenlose Fremde«, das Teleobjektiv an meiner Schulter mutierte zum Gewehr mit abgesägtem Lauf. Auf dem gegenüberliegenden Bürgersteig stand eine altmodische Badewanne, in der ein besonders schmutziger Junge von seiner Mutter von Kopf bis Fuß geschrubbt wurde. Die Reinigung von Körper und Seele gehört zu den wichtigsten Neujahrsritualen. Auf der Spitze des Hügels hinter dem Kurjey Lhakhang (Kloster des Körperabdrucks) entspringt eine Quelle aus einem Felsen unter einer Zypresse. Es ist einer der heiligen Orte des Guru Rinpoche, und die Dorffrauen standen deshalb Schlange, um sich die Haare im Wasser dieser Quelle zu waschen.

Kenia – Chyulu Hills

25. FEBRUAR

FÜR DIE MASSAI bedeutet das Beschneidungsritual die Aufnahme der Heranwachsenden in den Kreis der jungen Krieger. Dabei darf ein Knabe seinen Schmerz weder hinausschreien noch auf andere Weise artikulieren. Die Selbstbeherrschung wird als eine Tugend des zukünftigen Kriegers betrachtet. Der Junge, bei dessen Ritual wir Augenzeuge waren, krümmte sich in stillem Schmerz, während er von den übrigen jungen Kriegern zur Lehmhütte seiner Mutter innerhalb der Borna getragen wurde. Diese provisorischen Lager nutzen die nomadischen Massai, wenn sie ihre Herden von einer Weide zur anderen treiben. Die Borna in den Bergen hinter der Chyulu Hills Lodge beherbergte 180 Personen und deren Tiere, die zum Schutz vor Raubtieren innerhalb der Einfriedung zusammengetrieben wurden. Die äußere runde Umzäunung bestand aus Dornensträuchern, der Boden innen aus festgestampftem Tierdung, der von Millionen Fliegen bedeckt war, die versuchten, in jede noch so kleine Öffnung einzudringen. Ein eher unwirtlicher Ort für Filmaufnahmen.

Bhutan – Bumthang

6. NOVEMBER

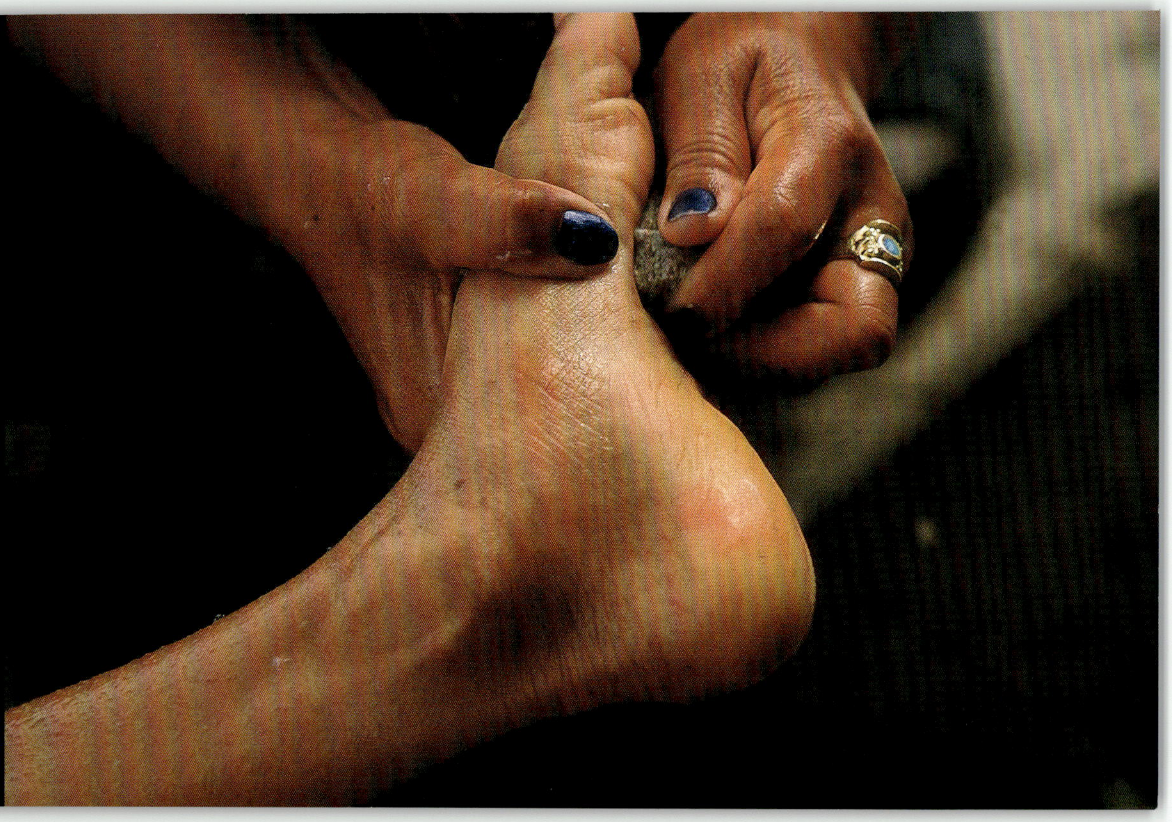

Eine Mutter schrubbt den Fuß ihres Sohnes mit einem Stein.

China – Dali

26. FEBRUAR

Ein junger Mann fertigt in Dali geschickt Papierblumen an.

China – Hukou-Wasserfall

5. NOVEMBER

NACH SEINEM GROSSEN BÖGEN RICHTUNG OSTEN wendet sich der Gelbe Fluss nach Süden. Nachdem er das Lössplateau durchquert hat, ist er voll mit dem ausgeschwemmten ockergelben Löss, dessen Färbung ihm seinen Namen gibt. Sein Weg führt den Gelben Fluss weiter durch die Berge, die die Grenze zwischen den Provinzen Shanxi und Shaanxi bilden. In einem abgelegenen Tal westlich der Stadt Fenxi verengt sich das normalerweise 250 Meter breite Flussbett zuerst auf 30, dann nur noch 20 Meter. Die tosenden Wassermengen schießen wie »zehntausend davonstürmende Pferde« durch die schmale Schlucht, bis sie an ihrem Ende über eine Kante in einem spektakulären Wasserfall hinabstürzen. Der Hukou-Wasserfall (Teekannenausguss) ist der größte am Gelben Fluss und der zweitgrößte Chinas. Zu beiden Seiten des Wasserfalls wurden neue Straßen und Touristenunterkünfte errichtet, und manch ein Einheimischer entdeckt neue Möglichkeiten, einige der begehrten Dollars zu verdienen. Ein junger Mann in der traditionellen Tracht eines Ansai-Trommlers beispielsweise ließ sich gegen ein geringes Entgelt mit Touristen fotografieren.

China – Dali

27. FEBRUAR

DIE ALTE, VON STADTMAUERN UMGEBENE STADT DALI liegt auf einer grünen Hochebene zwischen dem stellenweise mehr als 4000 Meter hohen Cangshan (Jadegrün-Gebirge) und dem riesigen Erhai, dem Ohren-See. Vom 8. bis zum 13. Jahrhundert, als die Bai im Südwesten Chinas und dem Norden Burmas herrschten, war Dali die Hauptstadt des Nanzhao-Königreiches von Yunnan. Spuren ihres Einflusses lassen sich auch heute noch in traditionellen Trachten und Bräuchen erkennen. Dali ist einer der Orte, die ich das erste Mal vor 15 Jahren besucht habe und die seither tief greifenden Veränderungen unterworfen wurden, hier schlicht aus menschlicher Habgier. Möglicherweise war man neidisch auf Lijiangs Erfolg und beschloss, die alte Festungsstadt samt ihrem imposanten Osttor zu restaurieren, um ebenfalls Touristenströme anzuziehen. In China scheinen solche Unternehmen stets zur Beseitigung jeglicher Atmosphäre zu führen. Man verliert die Möglichkeit, auf Entdeckung zu gehen, was dem Ort doch ursprünglich seine Anziehungskraft verliehen hat.

China – Hukou-Wasserfall

4. NOVEMBER

In Ansai spielt die Hüfttrommel in der traditionellen Musik eine herausragende Rolle.

Mongolei – Hailar

28. FEBRUAR

In Hailar schält eine Frau sorgfältig eine Frucht zum Verzehr.

Westsahara – Tifariti

3. NOVEMBER

ZWEI PICK-UPS des Zweiten Polisario-Armeedistrikts sammelten uns abseits der Piste ein und begleiteten uns zur Grenze zwischen Marokko und Westsahara. Trotz der zehnjährigen, von den UN vermittelten Waffenruhe haben beide Seiten beträchtliche Truppenkontingente entlang der Grenze stationiert. Marokko ließ eine 1600 Kilometer lange befestigte Mauer ziehen, deren Verteidigung angeblich zwei Millionen US-Dollar pro Tag kostet. Bei unserem Anstieg fegte ein kräftiger Wind über den steilen Hang, der mit fossilen Muscheln, prähistorischen Schnecken und anderem Meeresgetier übersät war. Die Soldaten, die uns begleiteten, hießen uns, gebückt zu gehen, da »sie« uns beobachteten. Zwischen zwei Steilklippen blickten wir mit dem Fernglas auf vermintes Niemandsland und die große marokkanische Mauer. Sie ist lang, öde und dauerhaft. Ich hatte nicht den Eindruck, dass die Sahrawis in absehbarer Zeit in ihre Heimat zurückkehren werden. Bei unserer Mittagspause auf dem Weg zurück nach Tifariti spielten unsere Fahrer eine Partie Dahemon, die Wüstenvariante des Damespiels, für die sie Kamelkot und kleine Stöcke verwenden.

Mongolei – Hailar

29. FEBRUAR

HAILAR LIEGT ETWA 75 KILOMETER ÖSTLICH VON MANZHOULI am gleichnamigen Fluss Hailar, es ist die nördlichste Stadt der Inneren Mongolei. Wir landeten mitten in der Nacht mit der Abendmaschine aus Peking, und die Steppen links und rechts der Straße vom Flughafen waren pechschwarz. Als wir schließlich über einen Hügel kamen, tauchte in der Ferne wie eine Fata Morgana eine Stadt voll Neonlicht aus diesem Meer aus Dunkelheit auf. Es war Hailar an einem besonderen Abend. Alle wichtigen Gebäude entlang den Hauptverkehrsstraßen waren mit Tausenden von bunten Märchenlichtern geschmückt, was ein leicht surreales Gefühl der Lebendigkeit und des Wohlstands erzeugte, denn die Straßen waren völlig leer. Als wir Hailar das nächste Mal bei Nacht sahen, war keines der Gebäude erleuchtet, und die Stadt wirkte düster und traurig. Beim Straßenbummel konnten wir im harten, intensiven Tageslicht nichts von Interesse entdecken, bis auf diese Frau, die eine merkwürdige regionale Frucht anbot, eine Kreuzung aus Apfel, Birne und Melone, genauso fad und geschmacklos wie die ganze Stadt.

Westsahara – Tifariti

2. NOVEMBER

Bei einer Rast in der Sahara bietet eine Partie Dahemon Zerstreuung.

Kenia –
Amboseli-Nationalpark

1. MÄRZ

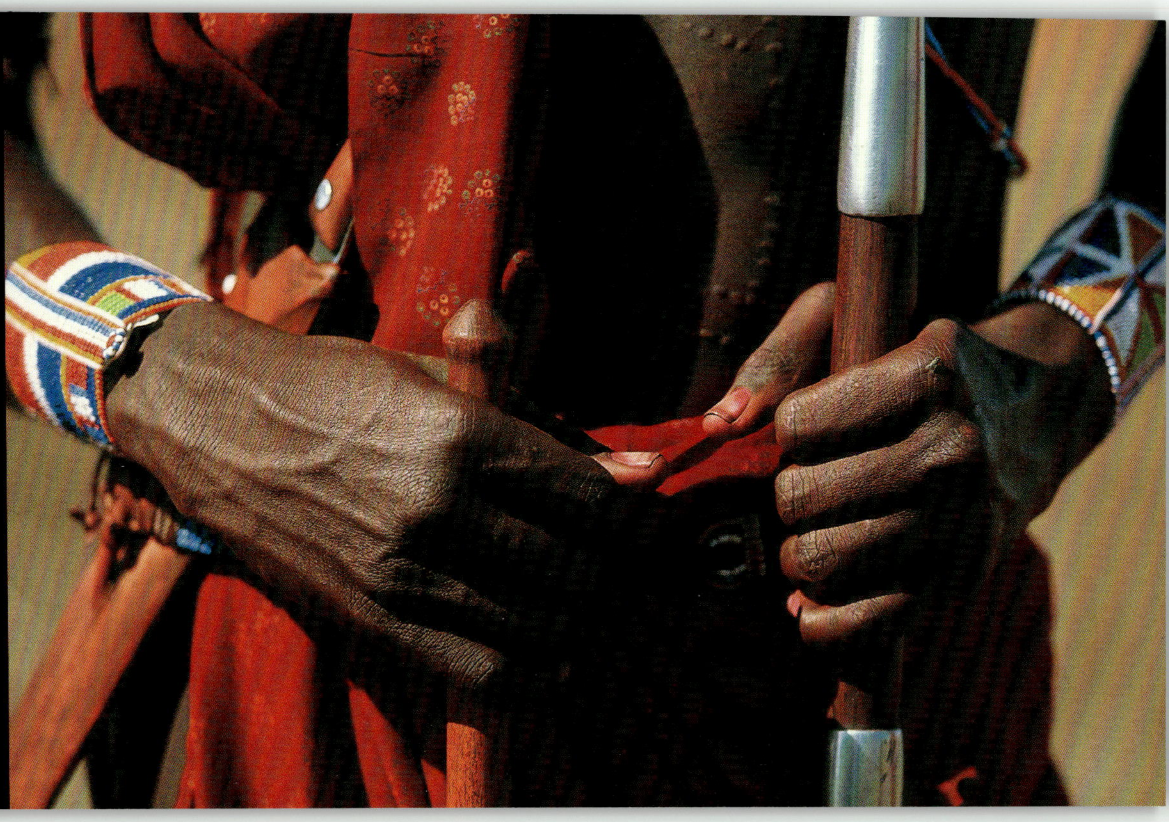

Bevor sie als Älteste eine eigene Familie gründen, leben die jungen Männer der Massai ein ungebundenes Leben als moran *(Krieger).*

Westsahara – Tifariti

1. NOVEMBER

VON SMARA NACH TIFARITI führte entlang der algerisch-marokkanischen Grenze keine befestigte Straße, sondern nur die Piste, die von gelegentlich halb eingegrabenen Reifen markiert wird. Anfangs fuhren wir über felsige kleine Hügel, übersät mit spitzen Steinen, die uns aus Rücksicht auf unsere Reifen zu äußerster Langsamkeit zwangen. Dann veränderte sich die Landschaft und es folgte kilometerweit flache Wüste, in der kaum ein Busch oder ein Fels die steinharte Oberfläche durchbrach. Schließlich erreichten wir eine Ansammlung großer roter Felsen, die etwas Schatten boten, ein guter Platz zum Essen. In der Nähe fand sich einiges totes Holz, und unsere Fahrer machten Feuer und kochten Tee. Während des Essens erschien wie aus dem Nichts eine dunkelhäutige alte Frau in einem kobaltblauen Melepha. Wir gaben ihr Essen und Wasser, anschließend verschwand sie wieder in der Ferne. Niemand schien zu wissen, woher sie in dieser verlassenen Gegend gekommen war, noch wohin sie ging. Später erreichten wir das Lager der Polisario in Tifariti, wo ein Wachposten vor einem improvisierten Wachhäuschen aus leeren Munitionskisten Dienst tat.

Kenia –
Amboseli-Nationalpark

2. MÄRZ

NOCH VOR WENIG MEHR ALS 100 JAHREN galten die Massai als stolzes, mächtiges Volk. Ihre Krieger drangen über 100 Meilen in fremdes Territorium ein, um das Vieh zu stehlen, das sie begehrten. Handelskarawanen, die durch ihre Gebiete im Großen Afrikanischen Grabenbruch zogen, bezahlten Zoll oder hatten die Konsequenzen zu tragen. All dies änderte sich im ausgehenden 19. Jahrhundert, als Dürre und Krankheiten die Viehbestände zerstörten und Pocken und interne Streitigkeiten das einst vereinte Volk vernichteten. Die Massai-Krieger, die wir im Amboseli-Nationalpark trafen, wirkten auf uns eher wie allzu sehr auf ihre Aufmachung bedachte Ziegenhirten. Viele von ihnen überprüften ständig in kleinen Spiegeln ihre Gesichtsbemalung und das sehr aufwendig frisierte, hennagefärbte Haar. Sie wurden nicht müde, die Falten ihrer Überwürfe herzurichten und nervös an dem Schmuck herumzuspielen, der ihre Kleidung zierte. Dabei darf man nicht vergessen, dass die Massai trotz dieses Putzes bis heute hervorragende Jäger sind, die ein sich schnell bewegendes Ziel über weite Distanzen mit einem Speer oder Pfeil treffen.

Westsahara – Tifariti

31. OKTOBER

Beim Teekochen entlang der Strecke von Smara nach Tifariti.

China – Yushu

3. MÄRZ

Ein Händler wiegt Raupenpilze ab, die in der traditionellen Medizin verwendet werden.

Chile – Valparaiso

30. OKTOBER

NACH UNSERER NASSKALTEN REISE ENTLANG DER SÜDKÜSTE CHILES kamen wir überglücklich in der reizvollen Hafenstadt Valparaiso an und freuten uns am warmen Sonnenschein und dem strahlend blauen Himmel. Aus seinem Tagebuch geht hervor, dass Charles Darwin – fast genau 162 Jahre vor uns – nach seiner Reise durch Feuerland ebenso fühlte. Da Chile 4000 Kilometer Küste zu verteidigen hat, ist seine wichtigste Streitkraft die Marine. Eine große Zahl Kriegsschiffe liegt in Valparaiso vor Anker, und das Hauptquartier der Armada de Chile an der Plaza Sotomayor verströmte eine großstädtische Grandezza. Ich bummelte die Straßen am Pazifik entlang, genoss die Sonne und bewunderte die beachtlichen, doch schlichten Gebäude und die zurückhaltende und dennoch lebendige Stimmung. Valparaiso ist auch der bedeutendste Handelshafen Südchiles, was der Stadt durch den zunehmenden Handel mit Asien zu wachsendem Wohlstand verhilft. Dennoch gibt es auch hier Menschen, die am Rande der Gesellschaft ihr Dasein fristen.

China – Yushu

4. MÄRZ

YUSHU (JADEBAUM) liegt wortwörtlich tausend Meilen (1600 Kilometer) entfernt vom Rest der Welt. Es ist die letzte große Stadt im südlichen Qinghai auf dem Weg der Nord-Süd-Autobahn nach Tibet hinein. Sie folgt in etwa dem Weg, den Prinzessin Wen Cheng vor 1400 Jahren nahm, als sie vom Tang-Hof in Xian zum Palast (oder Zelt) König Songtsen Gampos in Lhasa reiste. Die Hochzeit sicherte den Frieden zwischen den beiden Reichen und soll die buddhistische Religion der Prinzessin in Tibet eingeführt haben. Während des sommerlichen Pferdefestivals strömen Zehntausende Tibeter nach Yushu, um an den Reiterspielen und den begleitenden Festlichkeiten teilzunehmen. Am Flussufer in der Nähe des Paradeplatzes entstehen eine Zeltstadt, ein Vergnügungspark für die Kinder und Märkte voller Essen und schöner Dinge. Verkauft wird dort auch der chinesische Raupenpilz *(Cordyceps sinensis)*, ein seltener und sehr begehrter Pilz des Himalaya, den die Tibeter als Allheilmittel einsetzen. Er ist zudem Hauptbestandteil eines Potenzmittels, das ein traditionelles Gesundheitsinstitut in Bhutan entwickelte und das als pflanzliches Viagra gilt.

Chile – Valparaiso

29. OKTOBER

Ein Mann schläft fest auf dem Bürgersteig nahe dem Bahnhof von Valparaiso.

China – Qufu

5. MÄRZ

Bei Qufu füllt ein Koch köstliche Teigtaschen mit Schweinehack, Pilzen und Schnittlauch.

Bhutan – Paro

28. OKTOBER

FÜR DIE MENSCHEN IN ENTLEGENEN UND DÜNN BESIEDELTEN GEBIETEN ist der Markttag ein wichtiger sozialer Anlass. Der Sonntagsmarkt in Paro bildet dabei keine Ausnahme, außer dass er in Bhutan stattfindet und daher besonders bunt und fröhlich und voller reizender Menschen ist. Die Fülle und Vielfalt der frischen Erzeugnisse, die auf dem Markt angeboten werden, zeigt die Fruchtbarkeit des Paro-Tals, der wohlhabendsten Region Bhutans. Natürlich gibt es auch Chilis, die in Bhutan nicht als Gewürz, sondern als Gemüse verwendet werden. Der erste Genuss des Nationalgerichts Hemadatsi, scharfer roter Chilis in würziger Käsesauce, kann durchaus zu einer Herausforderung werden. Die Marktbesucher hier sind größtenteils Dorfbewohner aus den umliegenden Tälern, somit ist die Stimmung bodenständig und entspannt. Zusätzlich zu den in Paro angebotenen frischen Gemüsen und Feldfrüchten finden sich auf dem viel größeren Wochenendmarkt in der Hauptstadt Thimphu auch Antiquitäten und andere nicht essbare Waren.

China – Qufu

6. MÄRZ

QUFU IST DER GEBURTSORT DES KONFUZIUS, dem Begründer einer der bedeutendsten philosophischen und politischen Schulen Chinas, die seit 2000 Jahren die chinesische Kultur und Gesellschaft prägt. Seine im Wesentlichen humanistischen Lehren, die in den Analekten (Lehrgesprächen) des Konfuzius gesammelt sind, üben nach wie vor ihren Einfluss auf moderne Regierungen aus. Singapur wird häufig als idealer konfuzianischer Staat genannt. Im Westen gilt Konfuzius als Symbol chinesischer Weisheit, wobei sich die Verbreitung seiner Lehren allerdings meist auf die Botschaften in Glückskeksen beschränkt. Der Überlieferung nach wurde »Meister Kong« in einer Höhle im Vorgebirge des Berges Nishan, 30 Kilometer südöstlich von Qufu, geboren. Da die Straße dorthin jedoch wegen Bauarbeiten gesperrt war, mussten wir einen Umweg fahren und stießen dabei auf ein kleines Restaurant. Immer hungrig, hielt ich an und gönnte mir einen kleinen Snack. Es schmeckte einfach köstlich.

Bhutan – Paro

27. OKTOBER

Eine Frau entkernt Chilis für das höllenscharfe Nationalgericht Hemadatsi.

Indonesien – Manggis

7. MÄRZ

Bei balinesischen Tänzen hat jeder Bewegungsablauf eine ganz bestimmte Bedeutung.

China - Shanping

26. OKTOBER

WÄHREND IHRE MÜTTER DIE BAMBUSMATTEN, die für den Transport der Reissetzlinge verwendet werden, am Bach wuschen, strömten die Kinder zur Mittagspause aus dem neuen roten Backsteingebäude der Dorfschule für nationale Minderheiten in Shanping. Wie sie über die schmalen Pfade durch die Reisfelder rannten und sprangen, erinnerten sie mich an junge Gazellen, die von Löwen über die afrikanische Savanne gejagt werden. Einige jedoch, wie der Junge mit der Steinschleuder, blieben auf ihrem Heimweg stehen, um die Fremden von der BBC beim Filmen einer Begrüßungszeremonie der Miao zu beobachten. Diese wurde vom Ministerium für Minderheiten und dem Ministerium für Auslandsbeziehungen veranstaltet. Während der ministerielle Vertreter gespannt und kettenrauchend an der Seite stand und zusah, hopste der Starmoderator aus London in einem Kreis von Mädchen in ihren Trachten herum. Die Jungen in langen indigoblauen Gewändern und Turnschuhen schlängelten sich durch diesen Kreis und bliesen dabei eine L-förmige Rohrflöte, die Lusheng, nach der eines der bedeutendsten Feste der Miao benannt ist.

Indonesien – Manggis

8. MÄRZ

EINIGEN BRAHMI-INSCHRIFTEN ZUFOLGE fand die erste Berührung der Balinesen mit dem Hinduismus bereits um 100 v. u. Z. statt. Während der Herrschaft des Königs Airlangga über Ostjava (1019–49) entstand eine direkte kulturelle Verbindung zwischen dem hinduistischen Java und Bali. Als das javanische Majapahit-Reich um 1500 n. u. Z. nach inneren Zerwürfnissen zerfiel und mächtige islamische Sultanate an seine Stelle traten, begann eine massive Abwanderung von Geistlichen, Künstlern, Handwerkern, Musikern und Tänzern. Dieser plötzliche Zustrom einer kompletten intellektuellen und technischen Elite bewirkte eine kulturelle Revolution in Bali. Eine Folge dieser außergewöhnlichen Blüte sind die komplexen und farbenfrohen religiösen Rituale und die einzigartigen künstlerischen Traditionen. Ich liebe die nicht enden wollende Reihe an Festen und Prozessionen und die Tanzdramen. Und obwohl ich mich nicht als wirklich begeisterten Freund des Gamelans bezeichnen würde, war ich außerdem auch sehr beeindruckt von einer orchestralen Aufführung, die mich im Schwung und Umfang an Phil Spectors »Wall of Sound« erinnerte.

China – Shanping

25. OKTOBER

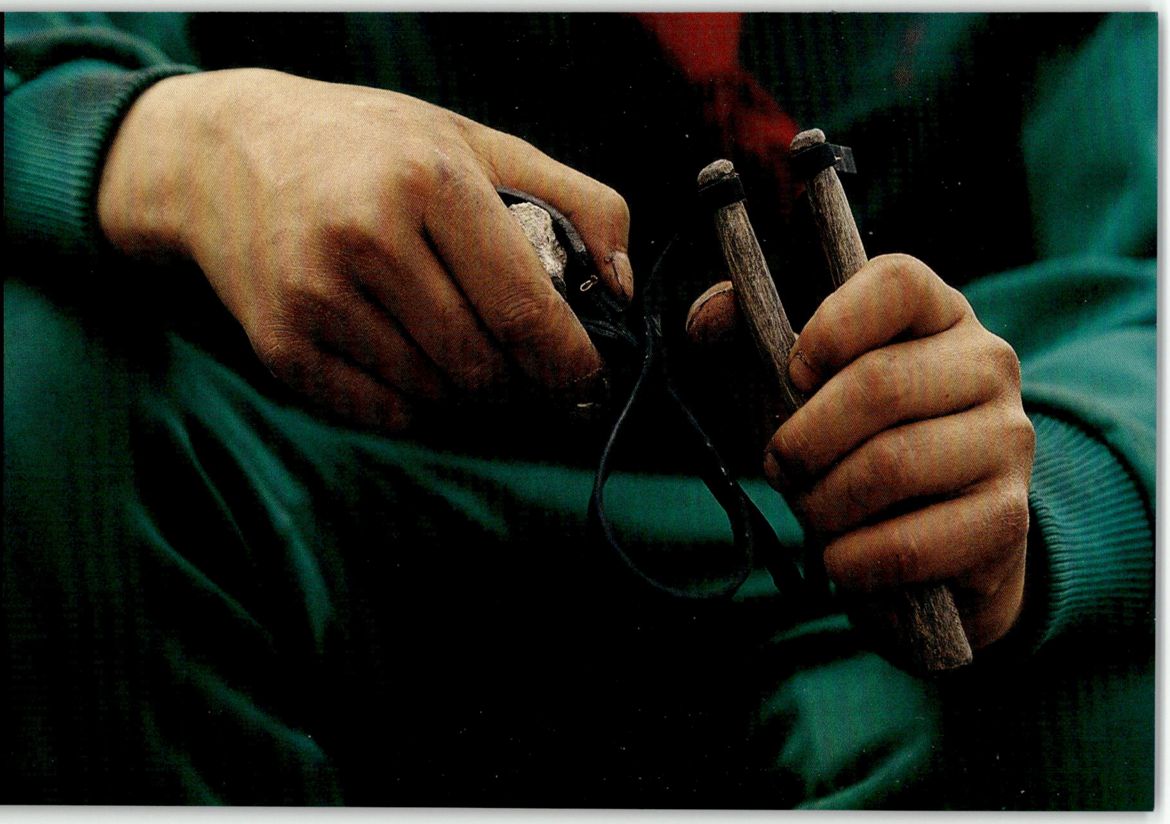

Ein kleiner Schuljunge aus Shanping hält seine Steinschleuder bereit.

Indien – Dharamsala

9. MÄRZ

Ein Meister der Thangka-Malerei areitet an einem Rollbild für ein Kloster im Westen.

Peru – Shivankoreni

24. OKTOBER

WIR VERLIESSEN DEN RIO URUBAMBA und fuhren einen Nebenfluss, den Camisea, flussaufwärts. Es gab Geschichten über feindliche Stämme weiter oben, die sich jeglicher Kontrolle durch den peruanischen Staat entzogen und die Eindringlinge aus dem Hinterhalt mit giftigen Pfeilen aus Blasrohren beschossen. Unweit des Machiguenga-Dorfes Shivankoreni sahen wir am Flussufer einen jungen Indianer, der hoch konzentriert mit einem speerartigen Pfeil und Bogen Fische fing. Vor unseren Augen erlegte er einen kleinen Fisch mit einem sauberen Nackenschuss. Ich bot ihm Zigaretten an, und er lud uns für den folgenden Tag zur Fiesta de San Juan in sein Dorf ein. Als wir uns am nächsten Morgen dem Dorf näherten, hörten wir, wie ein merkwürdiges Geräusch durch die Ansammlung hölzerner Pfahlbauten ging. Es stellte sich heraus, dass es sich um den Anpfiff eines Fußballspiels handelte. Der Laut entstand, indem jemand in ein langes gelbes Plastikrohr blies. Von dem aufregenden Sportereignis unbeeindruckt, saß in einer stillen Ecke des Dorfes ein Kreis junger Mädchen, die mit ihrer Kosmetikproduktion beschäftigt waren.

Indien – Dharamsala

10. MÄRZ

ES HEISST, GURU RINPOCHE, der »Lotosgeborene«, der Kostbare Meister und Begründer des tibetischen Buddhismus, habe im 8. Jahrhundert vorhergesagt: »Wenn der Eisenvogel fliegt und Pferde auf Rädern fahren, wird das tibetische Volk über die ganze Welt verteilt sein und das Dharma zum Land des roten Mannes kommen.« Obwohl dies wie eine Zeile aus »Krieg der Sterne« klingen mag, wurde mir von verschiedenen tibetischen Rinpoches versichert, dass die Prophezeiung tatsächlich in den Schriften zu finden ist. Sie ging in Erfüllung, als der 14. Dalai-Lama im März 1959 auf der Flucht vor der chinesischen »Befreiungsarmee« Norbulingka verließ. Nach einer vierzehntägigen Flucht durch den Himalaya gelangte er nach Indien, wo Premierminister Nehru die mutige und von Mitgefühl geprägte Entscheidung fasste, ihm Unterschlupf zu gewähren. Später verhalf Nehru dem Dalai-Lama und seinen Anhängern zu einer dauerhaften Bleibe in Dharamsala. Das dortige Norbulingka-Institut ist der Erhaltung tibetischen Handwerks und tibetischer Kultur gewidmet.

Peru – Shivankoreni

23. OKTOBER

Ein junges Mädchen sammelt Pflanzensamen, um daraus Lippenstift herzustellen.

Uganda – Butiaba

11. MÄRZ

Eine Frau verkauft Maniokmehl auf einem Markt am Albertsee.

Marokko – Tinfou

22. OKTOBER

TINFOU, ETWA 30 KILOMETER SÜDLICH VON ZAGORA und nur wenige Kilometer vom Ende der Straße in Mhamid entfernt, ist die letzte Siedlung vor der Grenze zwischen Marokko und Algerien. Dann endet plötzlich die befestigte Straße und geht einfach in die Sahara über. Am Rande der Wüste verdienen Beduinen ihren Lebensunterhalt mit organisierten Wüstentouren für abenteuerlustige Touristen. In der Nähe der Grenze wurden wir von einem heftigen Sandsturm überrascht und suchten Schutz im Zelt eines freundlichen Targi, der die Reisegesellschaft »Terre d'Aventure« leitete. Während seine Männer im heulenden Sturm nach den Kamelen sahen, bot er uns Tee an. Ich hatte niemals zuvor ein Foto gemacht, das eine Ahnung von einem Sandsturm vermittelt, doch als unser Gastgeber hinaustrat, um mit einem Freund zu sprechen, der soeben in dem Zeltlager eingetroffen war, ließ die aufgeblähte Form seines Boubou den Wind erahnen, und als einer seiner Männer Sand in die Augen bekam, hatte ich meine Bilder im Kasten.

Uganda – Butiaba

12. MÄRZ

VON DER ABSTURZSTELLE OBEN AUF DEM STEILEN ABHANG folgten wir dem Weg der Bruchpiloten bis auf die Bergspitze, von der aus man die Murchison Falls ein paar Kilometer stromaufwärts sehen kann. Damals wurde die verletzte Mary Hemingway hierherauf gebracht, um sie vor Elefanten zu schützen. Die drei hatten Glück und wurden bald von dem Ausflugsschiff Murchison gesichtet, das sie rettete. Sie konnten sogar von einem Arzt, der sich an Bord befand, behandelt werden. Es stellte sich heraus, dass es sich bei der Murchison um das Boot handelte, das für die Aufnahmen in dem Filmklassiker »African Queen« verwendet worden war. Die Reisegruppe wurde in dem Dorf Butiaba am Ufer des Albertsees abgesetzt. Wir trafen dort früh an einem feuchten Morgen ein, als gerade die Sonne aufging und die Fischerboote in den Hafen einliefen. Das Dorf ist eigentlich ein einfaches Fischerdorf, das aber von Flüchtlingen überschwemmt wird, die vor der Gewalt im Kongo 40 Kilometer über den See fliehen. Der Markt in der Nähe der Eisenbahn ist trotz des sehr bescheidenen Angebots äußerst belebt.

Marokko – Tinfou

21. OKTOBER

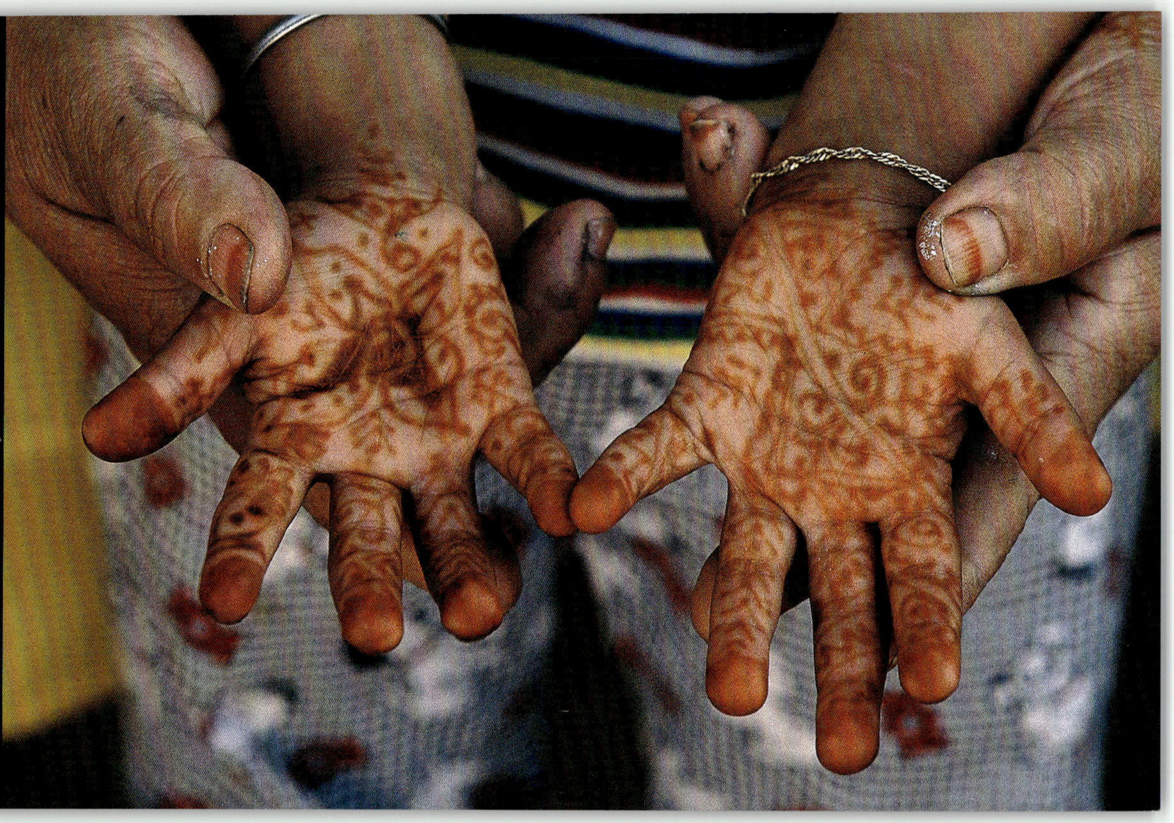

Die Enkelin des Besitzers der »Auberge du Repos des Sables« in Tinfou zeigt ihre bemalten Hände.

Uganda – Masindi

13. MÄRZ

Ein Junge spielt an der Hauptstraße von Masindi mit einem selbstgebastelten Auto.

Finnland - Helsinki

20. OKTOBER

HELSINGFORS (HELSINKI) WURDE 1550 VON KÖNIG GUSTAV I. VON SCHWEDEN GEGRÜNDET. Die Siedlung sollte mit dem 80 Kilometer südlich auf der gegenüberliegenden Seite des Finnischen Meerbusens gelegenen Reval (Tallinn) konkurrieren. Doch der Traum, an der Ostsee ein blühendes Handelszentrum zu gründen, ging nicht in Erfüllung. Helsingfors war nie viel mehr als eine provinzielle Küstenstadt, bis Russland Schweden 1809 im Dritten Russisch-Schwedischen Krieg schlug und das annektierte Finnland zum autonomen Großherzogtum machte. Um den Einfluss Schwedens in seinem neuen Territorium weiter zu verringern, ließ Zar Alexander I. die regionale Hauptstadt von Turku (Abo) nach Helsingfors verlegen. Selbst die einzige Universität des Landes, die Akademie von Abo, wurde 1827 nach Helsingfors verlegt, was sie schließlich zur Universität Helsinki machte. In den folgenden Jahrzehnten wurde die Stadt beständig erweitert, da Russland hier ein skandinavisches Sankt Petersburg en miniature entstehen lassen wollte. Das Zentrum von Helsinki prägt deshalb auch russischer Neoklassizismus.

Uganda – Masindi

14. MÄRZ

ES HATTE SICH SCHNELL HERUMGESPROCHEN, dass einer der »größten lebenden Schriftsteller« nach einem Flugzeugabsturz im Kongo als vermisst galt. Die in Aussicht gestellte Belohnung veranlasste zahlreiche Menschen, sich auf die Suche zu machen, und einer von ihnen hatte Glück. Nach den Berichten eines Augenzeugen, den wir interviewten, war Reginald Cartwright »fast noch ein Junge«, als er in Butiaba landete. Er bot der Gruppe an, sie nach Entebbe zurückzufliegen. Hemingway wollte auf dem Landweg zurückkehren, wurde aber überstimmt. Das Flugzeug, eine De Havilland Rapide, verunglückte beim Start und fing Feuer, Hemingway verließ es als Letzter, sein Haar brannte und er schrie vor Schmerz. In Masindi trafen wir einen alten arabischen Mann namens Ibrahim Bilal. Er war der Fahrer, der von der Hauptstadt aus nach Butiaba geschickt worden war, um »eine wichtige Gruppe Amerikaner« abzuholen, von denen einer schwer verletzt sein sollte. Er fuhr die Hemingways zusammen mit einem diensthabenden ugandischen Arzt zurück nach Kampala.

Finnland – Helsinki

19. OKTOBER

Ein Händler bietet auf dem Markt in Helsinki Kartoffeln an.

Uganda – Murchison Falls

15. MÄRZ

Ein obskures Wrackstück, das vielleicht von Hemingways abgestürztem Flugzeug stammt – oder auch nicht.

China – Chongqing

18. OKTOBER

CHONGQING BEDEUTET AUF CHINESISCH »DOPPELTE FEIER«. Ihren Namen erhielt die Stadt im Jahr 1190 von Zhao Dun, der zuerst Stadtfürst wurde, um dann den Kaiserthron der Song-Dynastie zu besteigen. Ein festlicher Geist weht bis heute durch die hügelige Stadt. Wenn das Leben bei einer geschätzten Bevölkerung von knapp acht Millionen, die alle dicht gedrängt leben und um dieselbe Schale Reis kämpfen, auch nicht immer einfach sein kann, ist der Sinn für das Gesellige doch überall spürbar. In öffentlichen Parks machen die Älteren ihre täglichen Tai-Chi-Übungen oder amüsieren sich mit Volkstänzen. In den Restaurants, Straßenimbissen und Teehäusern genießen die Gäste die Küche aus Sichuan, eine der besten der Welt. Gerne verbringt man seine Mußestunden im Kreise von Familie und Freunden. Da den Menschen in Chongqing die vorgetäuschte Kultiviertheit der Bewohner Shanghais oder Pekings fehlt und sie gerne und so oft wie möglich ihren engen Behausungen entfliehen, spielt sich hier so gut wie alles draußen und für jeden sichtbar ab, einschließlich einer Pediküre im Park.

Uganda – Murchison Falls

16. MÄRZ

HEMINGWAY UND SEINE FRAU MARY hoben am 21. Januar 1954 mit dem Buschpiloten Roy Marsh in Nairobi ab, um nach Belgisch-Kongo zu fliegen. Nach einem zweitägigen Flug, auf dem sie das kenianische Hochland, den Großen Afrikanischen Grabenbruch, den Ngorongoro-Krater, die Serengeti-Ebene, den Victoriasee und die Mondberge überquert hatten, verbrachten sie die Nacht in Entebbe, der Hauptstadt Ugandas. Am dritten Tag starteten sie erneut. Nachdem sie den Georgesee und den Albertsee überflogen hatten, nahmen sie Kurs auf die Murchison Falls, doch dort blieben sie mit dem Ruder und dem Propeller ihres Flugzeugs in einem Telegrafendraht hängen und mussten in den Hügeln in der Nähe des Nils notlanden. Etwa 45 Jahre später reisten wir nilaufwärts in Richtung der Murchison Falls durch Gewässer voller Nilpferde, während am Ufer Elefanten patrouillierten. Kurz bevor wir an einer schmalen Bucht an Land gingen und den Weg zur Absturzstelle hinaufwanderten, grüßte uns das wohl größte und schrecklichste Krokodil, dem wir je begegnet waren.

China – Chongqing

17. OKTOBER

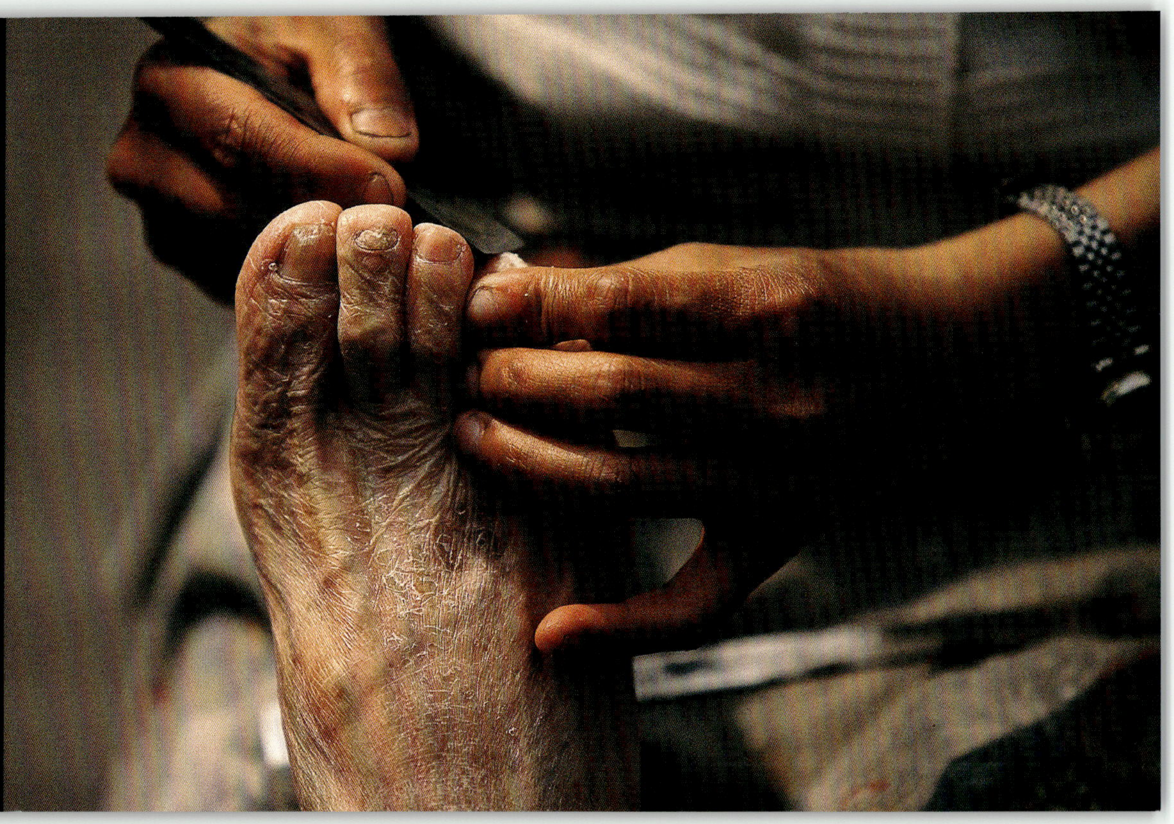

Eine Frau gönnt sich eine Pediküre in einem Stadtpark von Chongqing.

Pakistan – Lahore

17. MÄRZ

Zarter Griff – ein Junge hält eine Taube vor einem Gebetsraum in Lahore.

Peru – Iquitos

16. OKTOBER

IQUITOS WAR EINST DAS WICHTIGSTE HANDELSZENTRUM AM AMAZONAS. Es verfügte über ein ausreichend großes Opernhaus an der Plaza Mayor, in dem Europas berühmteste Tenöre auftraten. Der Rückgang der Kautschukindustrie in Südostasien, die Eröffnung des Panamakanals, der Ausbau des Transandenhighway und die Ausweitung des Flugverkehrs haben die Stadt verkommen lassen. Iquitos mag der wirtschaftlichen Bedeutungslosigkeit entgegengehen, aber nicht unbedingt in stiller Würde. Die Stadt ist zu einem Hauptumschlagplatz für Schmuggelware aller Art geworden. Gehandelt wird mit Betäubungsmitteln, Menschen, geschützten Tierarten und allem, was Profit bringt, wenn es heimlich über die Grenze gebracht wird. Das Ergebnis ist, dass sich in Iquitos zahlreiche dubiose Charaktere herumtreiben, die einzig darauf bedacht sind, an anderer Leute Geld zu gelangen. Auf der Hauptstraße tummelten sich Spenden sammelnde Missionare, der Mann, der täglich versuchte, mir Tier- und Pythonhäute oder Jaguarschädel zu verkaufen, sowie die üblichen illegalen Geldwechsler, und alle stritten um den besten Platz.

Pakistan – Lahore

18. MÄRZ

DIE MITTAGSHITZE hatte alle Gläubigen in den Gebetsraum getrieben. In dem eleganten Innenraum aus Marmor unter den hohen Decken der drei gewaltigen Kuppeln war es angenehm kühl und frisch. Der Imam sprach, es war leise und friedlich. Weiter hinten standen kleinere Gruppen, sie sprachen leise, sahen zu oder beteten kniend ihre eigenen Gebete. Niemand schien sich auch nur im Geringsten an unseren Kameras in den heiligen Räumen zu stören. Das bestätigte den entspannten und liberalen Ruf Lahores. Neben ihren anderen Tugenden ist Lahore auch als »Lollywood« bekannt, als Hauptstadt der pakistanischen Filmindustrie, weshalb man hier wohl auch eher an Kameras gewöhnt ist als in den meisten anderen Orten im Land. Somit konnte ich ruhig umherlaufen und die besten Einstellungen suchen. Bei Blickkontakt lächelte ich, legte meine rechte Hand aufs Herz und verneigte mich respektvoll. Die Reaktion zeigt mir normalerweise, ob ich fotografieren darf oder nicht. Die Kinder, die in der Vorhalle außerhalb des Gebetsraumes spielten, benahmen sich eindeutig; sie konnten es nicht erwarten, fotografiert zu werden.

Peru – Iquitos

15. OKTOBER

In Iquitos gehört illegales Geldwechseln zu den profitabelsten Gewerben.

Türkei – Göreme

19. MÄRZ

Unter den geschickten Fingern des Töpfers in Avanos entsteht in Windeseile ein Krug.

China – Turfan

14. OKTOBER

TEILE DES TURFANBECKENS liegen 154 Meter unter dem Meeresspiegel. Damit ist es nach dem Toten Meer die zweittiefste Senke der Welt. Der Turfan ist mit einer Rekordtemperatur von 49,6 °C der wärmste Ort Chinas und noch dazu eine Gegend, in der kein Niederschlag fällt. Seit über 2000 Jahren verwendet das Turkvolk der Uiguren in dem Becken das System der Karez-Frischwasserförderung aus Zentralasien. Hierzu werden entlang der Schneegrenze in den Bergen Mutterbrunnen gegraben und das Wasser durch unterirdische Rohre in die Täler zu über tausend Brunnen geleitet. Im Laufe der Jahrtausende legten die Uiguren mehr als 5000 Kilometer dieser unterirdischen Wasserwege an, um die versprengt liegenden Oasen zu speisen. Jeder Zentimeter wurde mit einfachem Werkzeug von Hand gegraben. Im 8. Jahrhundert erreichte der Islam Gaochang, ein bedeutendes Zentrum des Buddhismus an der Seidenstraße. Das Emin-Minarett hinter der dortigen Sugong-Moschee im Afghani-Stil ist die eleganteste Backsteinkonstruktion, die ich jemals gesehen habe.

Türkei – Göreme

20. MÄRZ

EINST HABEN HEFTIGE AUSBRÜCHE DER VULKANE Erciyes Dagi und Hasan Dagi Hochebenen aus Basaltlava und vulkanischem Tuffgestein in Kleinasien entstehen lassen. Drei Millionen Jahre Sonne, Wind und Regen formten die Landschaft zu einer surrealen Ansammlung fantastischer Kegel und Kamine, zu Säulen mit Schirmen und tiefen Schluchten in den vollendetsten Farben der unendlichen Palette der Natur. Die Perser gaben diesem von der Natur mit einfühlsamer Hand geschriebenen »geologischen Gedicht« den Namen Cappadocia, »das Land der schönen Pferde«. Etwa um 4000 v. u. Z. begannen Menschen die Felshöhlen dieser Gegend zu bewohnen. Später kamen Christen hierher, die der Verfolgung zu entgehen suchten, und schufen unter der Erde einfache Behausungen und manchmal ganze Städte, wie die Hügelfestung Uchiser. Sie gruben sogar Klöster und Kirchen ins Gestein. Die berühmtesten konzentrieren sich in einem Tal etwas außerhalb von Göreme, in dem man in 15 Felsenkirchen Wandgemälde aus dem 5. bis 12. Jahrhundert bewundern kann.

China – Turfan

13. OKTOBER

Vor der Sugong-Moschee in Gaochang rollt sich ein Mann eine Zigarette aus Zeitungspapier.

Kuba – Cojimar

21. MÄRZ

Der Lack des alten Fischerboots in Cojimar ist definitiv ab.

Pakistan – Peschawar

12. OKTOBER

DIE GRAND TRUNK ROAD zwischen Peschawar und Islamabad gilt als Schlagader der Nordwestprovinz. Uns fiel jedoch weniger die große Zahl der überladenen Lastwagen auf, die sich über diese historische Straße quälen, als die Tatsache, dass sie alle so kunstvoll verziert waren. Vom Kühlergrill bis zur Ladeklappe hatte man die Lkw mit leuchtend bunten Malereien, Namen, Zahlen, abstrakten Formen und Koranversen versehen.

Jedes Teil, das nur etwas hervorstand, war mit bunten Ketten und Lametta geschmückt. Die flatternden Girlanden zeugten von Stolz und Individualität, doch stellen sie auch – mit Blick auf die Straßenverhältnisse vielleicht in erster Linie – Gebete und Talismane dar, die göttlichen Schutz vor den Gefahren der Reise erbitten. Wir besuchten einen Lastwagenkünstler, der ein Rebhuhn auf einen Lkw namens »Blume von Darband«, nach dem Heimatdorf des Besitzers, malte. Das Rebhuhn gilt den Paschtunen als heiliger Vogel, der die Kraft hat, das Böse fernzuhalten.

Kuba – Cojimar

22. MÄRZ

HEMINGWAYS 20 JAHRE WÄHRENDER »KURZ-AUFENTHALT« AUF KUBA wurde durch La Corriente ausgelöst, den 95 Kilometer breiten Golfstrom, der als Paradies für Sportfischer gilt. Die Begeisterung des Schriftstellers für das Marlinfischen ist legendär. In den Vorstädten Havannas hat man wahrscheinlich deshalb einem neuen Hafenbereich inklusive Hotels und Docks für Sportfischerboote und Jachten den Namen »Marina Hemingway« gegeben. Der Hafen kann zweifelsohne nur als geschmacklos bezeichnet werden, doch das ist wohl der Preis dafür, einer der berühmtesten – wenn auch nicht auf Kuba geborenen – Söhne des Landes zu sein. Hemingway angelte meistens in Cojimar, wo auch sein einfaches robustes Boot, die 13 Meter lange *Pilar*, in einer herrlichen Bucht vor Anker lag. Sein Anblick war den einheimischen Fischern dort so vertraut, dass sie den Küstenstreifen östlich Cojimars »Hemingways Meile« nannten. In einem Bootsschuppen in Cojimar, in dem anständiges Werkzeug eher Mangelware zu sein schien, konnten wir mit Gregorio Fuentes sprechen, dem hunderteinjährigen ehemaligen Kapitän der *Pilar*.

Pakistan – Peschawar

11. OKTOBER

Ein Händler hält zwei Rebhühner auf einem Markt an der Grand Trunk Road zwischen Peschawar und Islamabad.

Laos – Luang Prabang

23. MÄRZ

Ein Straßenhändler auf der Avenue Auguste Pavie wendet die Bananen auf seinem Grill.

Peru – Pongo de Mainique

10. OKTOBER

DER NAME PONGO DE MAINIQUE ließ mich unweigerlich an Werner Herzogs *Fitzcarraldo* denken. Der Film basiert auf der Geschichte des Kautschukbarons und Opernliebhabers Brian Fitzgerald, der unbedingt ein Opernhaus errichten wollte, um den großen Tenor Enrico Caruso in Iquitos hören zu können. Zunächst musste er jedoch ein 340 Tonnen schweres Dampfschiff über einen Berg befördern lassen und es dann durch Wildwasser manövrieren. Herzog, der entschlossen war, den Film ohne Spezialeffekte zu drehen, ließ zwei Dampfschiffe in Originalgröße bauen und wie Fitzgerald eines der beiden von einheimischen Indianern über den Berg ziehen. Ich hatte die Filmszenen mit dem Schiff im tobenden Wildwasser vor Augen, als wir uns mit unseren sieben Meter langen Kanus den berüchtigten Stromschnellen von Pongo de Mainique näherten. Aber es war Trockenzeit, und der Fluss schlängelte sich auf den letzten Kilometern ruhig durch eine enge Schlucht voller bizarrer Felsformationen, die einer großen Vielfalt an Vögeln und Pflanzen Lebensraum bot.

Laos – Luang Prabang

24. MÄRZ

MEIN TERMINPLAN ERLAUBTE MIR ZWEI WOCHEN URLAUB, die ich dringend brauchte. Ein Freund und Reiseschriftsteller sagte spontan: »Fahr nach Luang Prabang, da ist nie was los.« Auf diese Empfehlung hin gelangte ich in die einstige Hauptstadt des Königreichs Lan Xang, das im 14. Jahrhundert gegründet wurde. Die Stadt liegt wie ein Juwel in den üppig grünen Hügeln am Zusammenfluss des Mekong und des Nam Khan. Hier entdeckte ich wahre Muße. Die nächsten zehn Tage schlief ich, ging spazieren, besuchte Tempel, aß, trank und träumte. Diese vollends entspannte Stimmung ist umso erstaunlicher, wenn man bedenkt, dass die amerikanische Luftwaffe während des sogenannten Geheimen Krieges zwischen 1963 und 1973 mehr als zwei Millionen Tonnen Bomben auf Laos abgeworfen hat. Das ist statistisch mehr als eine halbe Tonne Sprengstoff pro Kopf. Den Jungen auf dem Foto war ich zuvor bereits bei einer reisenden Truppe begegnet. Als ich sie hier erneut traf, war ich erstaunt, sie noch in ihren Masken anzutreffen. Sie arbeiteten am Verkaufsstand ihrer Mutter außerhalb des Museums des Königspalastes.

Peru – Pongo de Mainique

9. OKTOBER

Bei den Stromschnellen von Pongo de Mainique hat ein Mann Gewürze aus dem Urwald zu einem handlichen Päckchen verschnürt.

Bhutan – Taktsang

25. MÄRZ

Auf dem Weg zur Tigerhöhle bereitet eine Frau Betelnüsse für den Verkauf vor.

China – Sanjiang

8. OKTOBER

WIR HIELTEN ZUM MITTAGESSEN IN EINEM DORF ohne Namen, oder zumindest ohne einen, der uns aufgefallen wäre. Es lag tief in den Bergen der Provinz Guizhou, irgendwo zwischen Sanjiang (Drei Flüsse) im äußersten Norden der Provinz Guangxi und Zhaoxing. Ein Mann, der mit mehreren Enten in einem Sack die Hauptstraße hinunterging, weckte in uns die Hoffnung auf ein gutes Mahl. Tatsächlich war das Essen einfach, in erster Linie frisches Gemüse von umliegenden Höfen, aber leider keine Ente. Es war einer jener kleinen Orte auf der Welt, die man auf keiner Karte findet und durch die man eigentlich immer nur hindurchfährt. Ein Ort, in dem die jungen Mädchen am Fluss hinter dem Restaurant vermutlich hoffen, sie könnten ihn eines Tages verlassen. Dennoch entwickelte dieses Dorf, in dem nicht viel geschieht und das wegen seiner schlechten Straßen und fehlenden Sehenswürdigkeiten vom Tourismus verschont geblieben ist, einen eigenen Charme. Sein Reiz lag in seiner Funktionalität: Die kleinen Geschäfte an der Hauptstraße versorgen die Einwohner mit allem Lebensnotwendigen, von Lebensmitteln bis zur Schuhreparatur.

Bhutan – Taktsang

26. MÄRZ

PADMASAMBHAVA (DER LOTOSGEBORENE), der am Bau des Samye-Klosters in Tibet beteiligt war, wurde zum Begründer des tibetischen Buddhismus. Bei der großen Versammlung von Samye, bei der die Meister verschiedener Buddhismus-Schulen ihren Führungsanspruch geltend machten, konnte sich Padmasambhava behaupten, indem er Elemente der Bön-Religion und tantrische Rituale mit dem Mahayana-Buddhismus vermischte. Daraus entstand die hochkomplexe, esoterische Form des Buddhismus, die als Vajrayana bekannt ist (Diamantträger). Als Gründer der Nyingmapa-Sekte wurde er als Guru Rinpoche (Kostbarer Meister) bekannt. Der Überlieferung nach brachte er seine neue Religion nach Bhutan, indem er »auf dem Rücken einer Tigerin über die Berge flog«. Das Kloster Taktsang Lhakhang (Tigernest) wurde an einer steilen Bergwand 1000 Meter oberhalb des Paro-Tals errichtet. Hier sollen die Gebeine des fliegenden Tigers begraben liegen. Außerdem soll Guru Rinpoche hier zum ersten Mal in einer Höhle meditiert haben.

China – Sanjiang

7. OKTOBER

Auf dem Land müssen Schuhe halten und zudem einiges aushalten – zum Glück gibt's auch in den Dörfern im südlichen China Schuster.

Marokko – Marrakesch

27. MÄRZ

Ein Wasserverkäufer bietet seine Ware an – auf Marrakeschs malerischem Hauptplatz Djemaa el-Fna.

Algerien – Tindouf

6. OKTOBER

DAS SMARA-FLÜCHTLINGSLAGER besteht überwiegend aus traditionellen Nomadenzelten und Häusern aus Lehmziegeln. Einige sind von niedrigen Lehmmauern eingefasst, die anderen stehen ungeschützt. Die meisten älteren Menschen mögen die Zelte, da sie die Flüchtlinge an ihre Ursprünge als Nomaden in der Wüste erinnern und an die Tatsache, dass das Lager nur eine Zwischenstation auf dem Weg in die Heimat ist.

Andere sind sich da weniger sicher. Die Polisario legt großen Wert auf Bildung, und tatsächlich können 90 Prozent der Sahrawis in der Smara-Gemeinschaft lesen und schreiben. Das ist deutlich mehr als in Algerien oder Marokko. Viele der Lehrer stammen aus Kuba, und zahlreiche Studenten setzen dort das Studium fort. NGO bieten außerdem begabten Studenten Stipendien für europäische Universitäten. Es gibt jedoch keine genauen Angaben, wie viele davon anschließend in das Lager zurückkehren. Einige kommen jedoch tatsächlich zurück, zum Beispiel unsere Reiseführerin Metou. Die kosmopolitische junge Frau um die 25 studierte in Wales und spricht fließend Spanisch, Französisch und Englisch.

Marokko – Marrakesch

28. MÄRZ

INNERHALB DER ROSAFARBENEN MAUERN DER ALTSTADT VON MARRAKESCH, im Schatten des 75 Meter hohen Minaretts der 800 Jahre alten Koutoubia-Moschee, erstreckt sich der große ehemalige Henkersplatz Djemaa el-Fna (Versammlung der Toten). In der Dämmerung bauen Händler in weißen Kitteln und Mützen ihre Imbissstände in der Mitte des Platzes auf. Kostümierte Straßenkünstler beginnen ihre Aufführungen vor der Menschenmenge aus Marokkanern und Touristen, die schon bald den ganzen Platz füllt. Die meisten Darbietungen sind jedoch eher traurig, die Schlangenbeschwörer etwa, die ihre Kobras trotz energischsten Blasens auf ihren Pfeifen nicht dazu bringen können, ihren Korb zu verlassen. Einer von ihnen beschloss schließlich, seine Schlange aus dem runden Korb auf das Pflaster zu kippen, wo sie liegen blieb und weiterschlief, vielleicht war sie auch einfach tot. In einer Ecke bewegte eine wenig überzeugende Truppe Transvestiten-Bauchtänzer ihre eher trägen Körper im Takt, zu gelangweilt oder zu verzweifelt, um das Tempo etwas zu erhöhen. Die Feuerschlucker waren jedoch ziemlich gut.

Algerien – Tindouf

5. OKTOBER

Metou, eine junge Sahrawi-Frau, lebt im Flüchtlingscamp Smara mitten in der Sahara.

Japan – Kyoto

29. MÄRZ

Zu Kyotos Jidai Matsuri (Festival der Epochen) kleiden sich die Teilnehmer in historische Kostüme.

Algerien – Tindouf

4. OKTOBER

SEITDEM SPANIEN 1975 SEINE KOLONIEN im heutigen Territorium Westsahara verließ, ist dieses heiß umstritten. Mauretanien hat sich aus dem Konflikt zurückgezogen, Marokko beansprucht jedoch nach wie vor seine Rechte an dem von ihm annektierten Gebiet. Die einheimischen Sahrawis wünschen sich jedoch einen unabhängigen Staat, und der Internationale Gerichtshof unterstützt ihr Recht auf Selbstbestimmung. Den bewaffneten Widerstand gegen die marokkanischen Besatzer führt die Frente Polisario. Im Zuge des Konflikts suchten zahlreiche Sahrawis Unterschlupf in Algerien. Dort leben allein mehr als 170.000 von ihnen im Smara-Flüchtlingslager, das in erster Linie von der UNO und europäischen NGOs unterhalten wird. In der knochentrockenen algerischen Wüste ist Wasser ein knappes Gut. Jeden Morgen bringen Tankwagen von einem Brunnen 25 Kilometer außerhalb des Lagers Wasser zu den Zisternen, an denen die Familien ihre tägliche Ration abfüllen. Das Lager funktioniert wie eine kleine Stadt mit Läden und Handwerkern. Den größten Zulauf findet der Videoverleih unter den Jugendlichen, von denen viele im Lager geboren wurden.

Japan – Kyoto

30. MÄRZ

IN DEN HÜGELN DES KITAYAMA-DISTRIKTS im Nordwesten Kyotos ließ Ashikaga Yoshimitsu, dritter Shogun der Muromachi-Zeit, 1397 die luxuriöse Villa Kinkaku (Goldener Pavillon) errichten, um sich, nachdem er zwei Jahre zuvor zugunsten seines Sohnes Yoshimochi abgedankt hatte, dorthin zurückzuziehen. Nach seinem Tod wurde die Villa zu einem Tempel umgestaltet. Im Lauf ihrer langen Geschichte brannte sie mehrmals ab und wurde wiederaufgebaut. Das eindrucksvollste Feuer jedoch, das den meisten bis heute in Erinnerung geblieben ist, wurde in der Nacht vom 2. Juli 1950 von einem jungen buddhistischen Mönch gelegt, der Kinkaku-ji in Schutt und Asche legte. Es war ein Akt der Zerstörung, der Japan erschütterte und von Mishima Yukio in seinem Roman Kinkaku-ji verarbeitet wurde. Das dreistöckige Gebäude mit viereckigem Grundriss wurde 1955 wiederaufgebaut und steht am Kyoko-chi-Teich auf dem Gelände des Zen-Tempels Rokuon-ji. 1987 wurde es erneut renoviert, dabei wurden bei der Vergoldung des zweiten und dritten Stockes innen und außen über 48 Kilo Blattgold verarbeitet.

Algerien – Tindouf

3. OKTOBER

Ein Maurer geht im Flüchtlingcamp Smara zu seiner Arbeitsstätte.

Indonesien – Surabaya

31. MÄRZ

Im Hafen von Surabaya zieht ein Matrose einen Knoten fest.

China – Shanping

2. OKTOBER

DER MANGEL AN ENTWICKLUNG verleiht den Landschaften in diesem Teil von Guizhou einen zeitlosen Charakter. Der Alltag der Bauern hat sich im Laufe der Jahrhunderte kaum geändert. Als die kommunistischen Truppen 1934 auf ihrem Langen Marsch durch diese Gegend kamen, lebten die Menschen in Armut. Abgesehen von einer selten genutzten Zugverbindung nach Guangxi gab es weder Industrie noch Infrastruktur. Nach dem Sieg der Kommunisten versuchte die Zentralregierung, die Region durch den Bau von Straßen, Eisenbahnlinien und durch die Ansiedlung von Industrie zu öffnen, doch nützten diese Maßnahmen in erster Linie den Städten und der dort lebenden Han-Bevölkerung. In den Bergen, nur wenige Autostunden von der Hauptstadt entfernt, ist das Volk der Miao, wenn auch nicht Not leidend, so doch arm geblieben. Viele gehören zu den acht Millionen Menschen in der Provinz, die unterhalb der offiziellen Armutsgrenze leben. Doch lassen sie sich nicht unterkriegen, sondern ringen ihrer hügeligen Lebenswelt ein bescheidenes Dasein ab.

Indonesien – Surabaya

1. APRIL

SURABAYA IST DIE ZWEITGRÖSSTE STADT INDONESIENS und einer seiner belebtesten Häfen. Im 15. und 16. Jahrhundert war sie die Hauptstadt eines mächtigen Sultanats, bis 1743 die niederländische Ostindien-Kompanie die Macht übernahm. Unter der holländischen Kolonialregierung wurde die Stadt zu einem bedeutenden Handelszentrum und Flottenstützpunkt. Ihr Name rührt von einer Legende, in der ein Hai (Sura) und ein Krokodil (Buaya) um die Herrschaft über den Ozean kämpfen. So überrascht es nicht, dass sich der interessanteste Ort der Stadt unten am alten Hafen befindet. Am Kai kann man zahlreiche Frachter von unterschiedlichster Größe, Form und Alter bestaunen. Viele traditionelle Schiffe liegen Seite an Seite mit dem Bug zu den Lagerhäusern vor Anker. Beim Be- und Entladen am Kai herrscht reges Treiben. Wir filmten an Bord eines Pinisi, einem traditionellen Segelschiff aus Holz mit hohem Mast und hohem Bug. Mit solchen Schiffen wird der Großteil des Schiffsverkehrs im indonesischen Archipel abgewickelt.

China – Shanping

1. OKTOBER

Ein Mann mit Wildgemüse aus den Bergen, das mit etwas Knoblauch und Chilischoten gebraten köstlich schmeckt.

Russland – Wladiwostok

2. APRIL

Eine junge Frau fährt mit dem Zug zum abendlichen Bummel in die Innenstadt.

Tibet – Everest Basislager

30. SEPTEMBER

DIE TIBETER NANNTEN DEN GIPFEL DER WELT QOMOLANGMA (göttliche Urmutter des Universums), lange bevor er 1865 nach Sir George Everest benannt wurde, einem führenden britischen Geometer im Indien der Kolonialzeit. Am Everest Base Camp trafen wir einige einheimische Yakhirten und aßen gemeinsam mit ihnen am Lagerfeuer. Bei ihnen gab es Stücke getrockneten Yakfleischs, Yakkäse und Tsampa, dazu tranken sie Yakbutter-Tee. Wir verspeisten geräucherte Austern, Muscheln und Aale aus der Konserve, die ich aus Hongkong mitgebracht hatte, und, als das Wasser endlich kochte, auch koreanische Fertignudeln aus Xigaze. Nach dem Essen folgten wir den Hirten über die mit Geröll überzogene Hochebene zum Rongbuk-Gletscher. Unter dem wolkenlosen blauen Himmel sah die Nordwand des Mount Everest sensationell und unbezwingbar aus. Ich fragte mich, wie Menschen angesichts dieses atemberaubenden Anblicks sagen können: »So, da gehen wir jetzt hoch ...« Tatsächlich mussten zwei von uns umkehren, als wir das Gletschertor erreicht hatten, weil ihre Körper sich unter der Belastung schlichtweg verweigerten.

Russland – Wladiwostok

3. APRIL

BIS 1992 WAR DIE SOWJETISCHE PAZIFIKFLOTTE IN WLADIWOSTOK stationiert und die Hafenstadt deshalb strategisch so bedeutend, dass Fremden generell kein Zutritt gewährt wurde. Zur Zeit unseres Besuches im Jahr 1995, anlässlich der Filmaufnahmen zu Michael Palins BBC-Reihe »Rund um den Pazifik«, war der Kalte Krieg vorbei und die Welt eine andere. Unser Gastgeber Anatoly, Dirigent des Chors der Pazifikflotte, ermöglichte uns eine Szene, in der Michael mit den Choristen das Lied *Po Huschko Pole* (Das Feld Von Poljuschko) singt. An einem filmfreien Tag lud uns Anatoly zu einem Helikopterflug mit anschließendem Picknick auf die Insel Russkij ein. Unterwegs überflogen wir kleinere und größere Buchten, vollgestopft mit den rostenden Wracks der einst mächtigsten Kriegsflotte der Welt. Niemand unternahm auch nur den geringsten Versuch, mich am Fotografieren zu hindern. Daneben sind mir vor allem die Frauen aus der Stadt in Erinnerung geblieben – in ihrer einzigartigen Mischung aus Ost und West wirken sie einfach unvergleichlich schön.

Tibet – Everest Basislager

29. SEPTEMBER

Ein Yakhirte isst Tsampa, ein Grundnahrungsmittel aus geröstetem Getreide.

Chile – Kap Hoorn

4. APRIL

Für die Arbeit am Marine-Kommunikationsposten auf Kap Hoorn sind Handschuhe unabdingbar.

Marokko – Amred

28. SEPTEMBER

WENIGER ALS ZWEI STUNDEN VON MARRAKESCH ENTFERNT liegen in den Tälern des Atlas-Gebirges einige atemberaubende alte Siedlungen der Berber, der ursprünglichen Bewohner des Maghreb, »dem Land der untergehenden Sonne«. Berber bedeutet auf Griechisch »Barbaren«, eine Einschätzung, die ich aufgrund meiner eigenen Erfahrungen mit einer besonders kräftigen Berberfrau in Tanger teile: Sie zerstörte mit ihrem schraubzwingenartigen Griff eine meiner Kameralinsen. Die Landschaft im Atlas ist sehr abwechslungsreich. Die Filmaufnahmen für Martin Scorseses *Kundun* – basierend auf der Autobiografie des Dalai-Lama – entstanden zum Teil hier, da die hiesige Bergkulisse stark an Tibet erinnert: Terrassierte Dörfer inmitten kleiner smaragdgrüner Felder, die sich zwischen hoch aufragenden Felsklippen und tiefen Schluchten an den Hang schmiegen. Unser etwas altersschwacher Lastwagen quälte sich mühsam durch steile Haarnadelkurven bergauf und brachte uns schließlich zum schönen Dorf Amred. Hier wurden wir von den gastfreundlichen Berbern zu einem wahren Festessen eingeladen.

Chile – Kap Hoorn

5. APRIL

DER HIMMEL KLARTE AUF, und das Patrouillenboot Isaza setzte seine Fahrt fort, um die Militärstützpunkte in den Fjorden Feuerlands mit Vorräten zu versorgen. Imposante Gletscher säumten die Pazifikküste, und der Sturm flaute allmählich ab, bis nur noch eine starke Brise wehte, während der Sonnenaufgang die riesigen Eisskulpturen zartorange färbte. Dann erreichten wir, ohne jegliche Vorwarnung, das Ende des Kontinents: Östlich von uns, hinter dem schmalen Felsvorsprung von Kap Hoorn und einer Felseninsel, erstreckte sich der Atlantik. Die Antarktis lag vor uns, hinter uns 24.000 Kilometer amerikanischer Küstenlinie. Die berüchtigten Gewässer um Kap Hoorn, die Seeleuten über Generationen – und mir selbst eine ganze Nacht lang – Angst und Schrecken eingejagt hatten, erschienen so harmlos wie ein Schwimmbecken. Mit Schlauchbooten erreichten wir die Insel und erklommen die Holztreppe zum Leuchtturm. Ein schwarzer Collie namens Bobby begrüßte uns und verliebte sich auf der Stelle in das linke Bein unseres Kameramanns.

Marokko – Amred

27. SEPTEMBER

Im Atlasgebirge findet man auch wild wachsendes »Gras«.

China – Qingdao

6. APRIL

In der ostchinesischen Hafenstadt Qingdao erntet eine Frau Algen aus dem Gelben Meer.

Russland / USA –
Beringstraße

26. SEPTEMBER

DIE DREHARBEITEN FÜR MICHAEL PALINS BBC-TV-REIHE *Rund um den Pazifik* begannen auf der Kleinen Diomedes-Insel mitten in der Beringstraße. Die Insel gehört zusammen mit der Ratmanow-Insel (auch Große Diomedes-Insel) auf der russischen Seite zu den Überresten der Beringia, einer Landbrücke, auf der die ersten Menschen von Asien nach Amerika gelangten. Sie verschwand gegen Ende der letzten Eiszeit unter dem Meeresspiegel. Nach neuneinhalb Monaten, in denen wir den gesamten Pazifik umrundet hatten, kamn wir wieder zur Beringstraße zurück. Die Besatzung des US-Küstenwachbootes *Munro* sollte uns auf der Kleinen Diomedes-Insel absetzen, damit wir dort den Kreis schließen konnten. Wir starteten mehrere Versuche, erst mit einem Schlauchboot, dann mit dem Hubschrauber. Die Insel war zum Greifen nahe, doch die stürmische See und der heftige Wind ließen alle unsere Versuche misslingen. Nach einer Reise von mehr als 80.000 Kilometern kehrten wir nach Nome zurück – der Kreis blieb ungeschlossen.

China – Qingdao

7. APRIL

QINGDAO (GRÜNE INSEL) war ein Fischerdorf am Gelben Meer auf der Halbinsel Shandong, als es 1898 von der untergehenden Qing-Dynastie nach reichlich Druck der deutschen Regierung für 99 Jahre an diese verpachtet wurde. Was man auch immer über die Ungerechtigkeit dieser Vereinbarung, den sträflichen Opportunismus des deutschen Kaiserreichs oder die Schmach der Kolonialisierung denken mag, ich bin froh darüber, dass die Deutschen hier 15 Jahre verbrachten, selbst auf die Gefahr hin, politisch unkorrekt zu erscheinen. Und zwar nicht nur wegen des trefflichen Qingdao-Bieres, sondern weil es vor allem ihrem Einfluss und ihrer Architektur zu verdanken ist – weitaus mehr als dem der Japaner, die 1914 den Hafen einnahmen und nun ihrerseits koloniale Spuren hinterließen –, dass Qingdao heute als die reizvollste und schönste Küstenstadt Chinas gelten darf. Es ist die einzige chinesische Stadt, in der ich mir vorstellen könnte, etwas Zeit zu verbringen, auf langen Strandspaziergängen den einheimischen Frauen bei der Algenernte zuzusehen und dann, bei ein paar Bier und Fischspezialitäten, den Blick über das Meer zu genießen.

Russland / USA –
Beringstraße

25. SEPTEMBER

Auf der Munro wartet ein Feuerwehrmann auf die Landung des Hubschraubers an Deck.

Tibet – Kailash

8. APRIL

Auf dem Weg rund um den heiligen Berg Meru hat sich dieser Pilger auf den Boden geworfen.

China – Lanzhou

24. SEPTEMBER

SEIT DER QIN-DYNASTIE (221-207 v. u. Z.) diente die Stadt Lanzhou als bedeutende Etappe auf dem Handelsweg von Xian über Zentralasien bis ins Römische Reich. Durch ihre Lage am Oberlauf des Gelben Flusses und am Hexi-Korridor, der Wiege der chinesischen Zivilisation, wuchs die Bedeutung der Stadt im Lauf der Jahrhunderte. Insbesondere zur Blütezeit des Handels entlang der Seidenstraße entwickelte sie sich zum Verkehrsknotenpunkt und zur Garnisonsstadt. Eines der Relikte aus der damaligen Zeit ist das auf aufgeblasenen Ziegenhäuten schwimmende Floß. Solche Flöße wurden jahrtausendelang dazu genutzt, Menschen und Güter auf dem und über den Gelben Fluss zu transportieren. Das Prinzip ist so einfach und die verwendeten Materialien so schlicht, dass es seither nur wenig verändert wurde. Heute dienen die Flöße allerdings hauptsächlich zur Unterhaltung der Touristen. Entlang dem Ufer zu beiden Seiten der Zhongshan-Brücke haben sich einige Familienbetriebe niedergelassen, die die Flöße in alter Tradition herstellen, unterhalten und instand setzen. Gegen ein geringes Entgelt kann man sich von ihnen über den Gelben Fluss schippern lassen.

Tibet – Kailash

9. APRIL

AM ABEND, BEVOR WIR ZU UNSEREM TREK ZUM KAILASH AUFBRACHEN, färbte sich der Himmel tintenschwarz, darunter leuchtete ein feiner Streifen des strahlenden goldenen Sonnenuntergangs. Vom Manasarovar her, dem heiligen »See des Bewusstseins und der Erleuchtung«, fegte ein Schneesturm über die Ebene. Unser tibetisches Team führte das schlechte Omen auf eine Gruppe Hindupilger zurück, die soeben eingetroffen waren. Der Kailash ist der heiligste Berg Asiens. Nach den Kosmologien und Schöpfungsmythen, die dem Hinduismus, Jainismus, der Bön-Religion und dem Buddhismus gemeinsam sind, gilt er als Weltenberg Meru, als Geburtsort und Zentrum des Universums. Als wir am nächsten Morgen unsere Tour durch das Tal antraten, hielt sich der heilige Berg hartnäckig hinter dicken Schneewolken verborgen. Auf halbem Weg trafen wir drei tibetische Pilger, die sich hintereinander niederwarfen. Wir erfuhren, dass es einen Monat dauern würde, bis sie die Kora, die rituelle Umrundung des Berges, vollendet haben würden. Bei unserem letzten Versuch öffnete sich der Himmel und enthüllte den mythischen Weltenberg Meru.

China – Lanzhou

23. SEPTEMBER

Ein Mann bearbeitet eine Ziegenhaut, um daraus ein Floß herzustellen.

Sudan – Nubische Wüste

10. APRIL

Kunstvoll geschückt und bemalt – die Hände einer Frau im Niltal-Express.

Bhutan – Paro

22. SEPTEMBER

ES IST DER VIERTE UND LETZTE TAG DES TSE-CHU IN PARO, des alljährlichen Festivals mit Tanz und religiösen Zeremonien zu Ehren des Guru Rinpoche. Zu diesem großen Fest der Region erscheinen die Menschen festlich gekleidet in traditionellen Gewändern aus leuchtend buntem Seidenbrokat und mit ihrem schönsten Schmuck. Hinter der Dzong drängen sich Menschen aller Altersgruppen voller Jovialität zwischen Weihrauchschwaden vor einigen Ständen mit Glücksspielen. Kleine Läden machen gute Geschäfte mit religiösem Nippes, Tischen aus Yakleder und indischer Popmusik. Familien und ganze Clans finden sich auf dem Bogenschießstand ein, um auf dem grünen Rasen zu picknicken. Davor befindet sich eine gepflasterte Arena, auf der seit den frühen Morgenstunden der »Tanz des Urteils der Toten« gegeben wird. Tänzer mit Tiermasken und ausgesucht schönen Kostümen drehen sich und wirbeln vor dem begeisterten Publikum, das sich auf den Hügeln niedergelassen hat. Die Zuschauer erwarten alle mit Spannung den letzten Akt und den Auftritt der riesigen Puppe, die Shinje Chhogyel, den Herrn des Todes, darstellt.

Sudan – Nubische Wüste

11. APRIL

EINE FEINE SANDSCHICHT BEDECKTE ALLES, selbst auf meiner Zunge war sie spürbar. Der einst glanzvolle Niltal-Express folgte ratternd der 899 Kilometer langen Strecke durch die Nubische Wüste von Wadi Haifa nach Khartoum. In dem heruntergekommenen Erste-Klasse-Abteil stand die Luft, die Temperatur stieg auf annähernd 38 °C. Der Zug stockte, schnellte plötzlich ruckartig nach vorn und fiel dann wieder in seine übliche holprige Fahrweise zurück. Alle Augen richteten sich unweigerlich zur Decke, und unsere Gedanken waren bei den etwa zwanzig Reisenden der »Dach-Klasse«, die über unseren Köpfen auf dem Abteildach mitreisten. In den frühen Morgenstunden war jemand heruntergefallen, aber – keine Selbstverständlichkeit – der Zug hatte zurückgesetzt, um den Fahrgast wieder aufzunehmen. Es ist nur schwer vorstellbar, dass Menschen es dort oben ohne Schutz vor der sengenden Hitze und den Sandböen auf einer so langen Reise aushalten, während der Zug über Hunderte von Kilometern auf zerfallenden Gleisen holpert und seufzt, die schon 1897 von britischen und ägyptischen Truppen verlegt wurden.

Bhutan – Paro

21. SEPTEMBER

Ein Gast beim Tsechu, dem Fest zu Ehren des Guru Rinpoche.

China – Kaschgar

12. APRIL

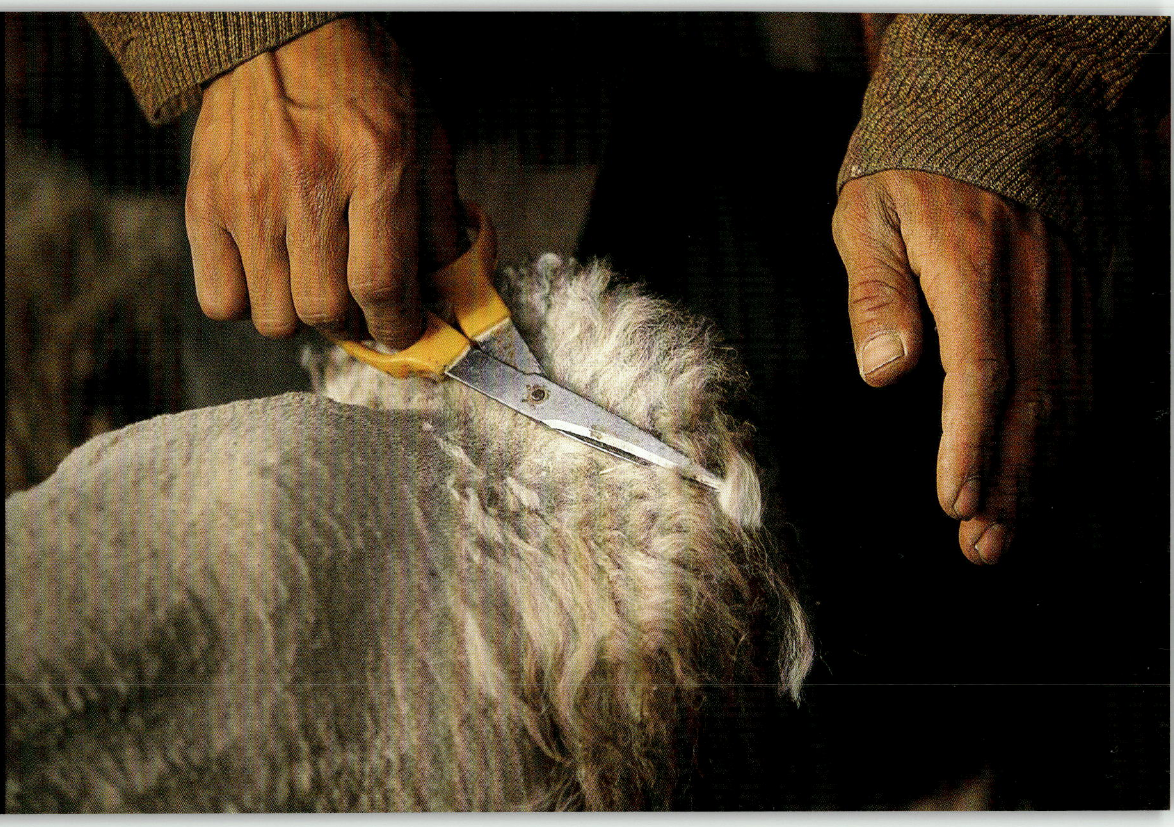

Top-Schaf, Top-Wolle: auf dem Viehmarkt in Kaschgar.

Kolumbien - Cosquez

20. SEPTEMBER

IM JAHR 1819 SCHLUG DER UNABHÄNGIGKEITSKÄMPFER SIMON BOLIVAR DIE SPANIER in der Schlacht um das Boyacá-Tal westlich von Bogota. Kolumbien erlangte damit seine Unabhängigkeit. Das spanisch-lateinamerikanische Reich näherte sich seinem Ende. Heute ist das Tal das Schlachtfeld rivalisierender Gruppen von Banditos, die um die Herrschaft über Cosquez kämpfen, die wohl größte und reichste Smaragdmine der Welt. Als wir 1996 dort waren, hatte der jahrzehntelange Streit bereits über 3000 Menschen das Leben gekostet. Die Vereinigung, die die Mine von Cosquez betreibt, beschäftigt zwar nur 1200 Arbeiter, in den im Tal verstreuten Hütten leben jedoch über 6000 Menschen. Im Minenbüro bekamen wir Tee und Gebäck angeboten, nebenan schlief ein junger Mann in einem großen Bett unter dem Foto einer nackten Frau – in der Hand eine silberfarbene automatische Pistole. Unsere Geländewagen erklommen mehr schlecht als recht die rutschigen Bergstraßen. Am Gipfel findet die inoffizielle »Smaragdbörse« statt, an der Hunderttausende US-Dollar gegen Klumpen grünen Steins getauscht werden.

China – Kaschgar

13. APRIL

DER VIEHMARKT IN KASCHGAR findet schon lange statt. Die neuen Einzäunungen haben ihm allerdings etwas von seiner ursprünglichen Atmosphäre genommen, dennoch bietet er nach wie vor einen unglaublichen Anblick. Die sagenumwobene Stadt Kaschgar, strategisch günstig in den Vorgebirgen des Pamir am westlichsten Rand der Taklamakan-Wüste gelegen, diente als Oase auf dem Weg der Seidenstraße. Hier hielten die Karawanen, um sich neu zu bevorraten und die Lasttiere zu wechseln. Kamele wurden gegen Yaks getauscht und umgekehrt, um die Reise über die 6000 Meter hohen Bergpässe oder durch die großen Wüsten Zentralasiens fortzusetzen. Kaschgar ist seit zwei Jahrtausenden ein Drehpunkt des Ost-West-Handels und des kulturellen Austauschs. Der Buddhismus gelangte im 1. Jahrhundert mit den Händlern aus Zentralasien hierher und erlebte eine Blüte, bis er im 10. Jahrhundert vom Islam abgelöst wurde. Kaschgar ist heute Chinas westlichste Stadt, in der seit dem Zusammenbruch der Sowjetunion auch der grenzübergreifende Handel mit den Nachbarn Kirgisistan und Tadschikistan floriert.

Kolumbien – Cosquez

19. SEPTEMBER

Bei der gigantischen Smaragdmine Cosquez begutachtet eine Frau Steine für den Verkauf.

Pakistan – Shandur-Pass

14. APRIL

Ein Handwerker fertigt einen Poloschläger für das große Turnier auf dem Shandur-Pass an.

Indien – Srinagar

18. SEPTEMBER

SRINAGAR HAT ZWEI GESICHTER. Sobald man »Mr. Butts Clemont Houseboats« hinter sich lässt, wird man augenblicklich von der brutalen Realität einer Stadt im Belagerungszustand eingeholt. An die Stelle der Weiden, treibenden Paläste, Reiher und Lotosblüten rücken Straßenblockaden, Stacheldraht und ausgebrannte Gebäude. Der trügerische Frieden wird durch die argwöhnischen Blicke der Soldaten konterkariert, die im Dauerregen Streife gehen müssen. Wir fuhren an den verkohlten Überresten des Greenway Hotel vorbei. Hier wurden Streitigkeiten zwischen schwer bewaffneten islamischen Militanten und der Polizei durch einen Mörsereinsatz beendet. Das Hotel wurde zerstört, zehn Menschen starben, 40 weitere wurden verletzt. Der Kaschmir-Konflikt zwischen extremistischen Moslems, von denen viele vom pakistanischen Geheimdienst bewaffnet und ausgebildet wurden, und den 600.000 Mann starken indischen Sicherheitskräften hat seit seinem Beginn vor einigen Jahrzehnten 60.000 Menschenleben gefordert. Doch der Konflikt hat den Dal-See bis zum heutigen Tag verschont.

Pakistan – Shandur-Pass

15. APRIL

AUF EINER HÖHE VON ÜBER 3700 METERN findet das höchste und größte Freestyle-Poloturnier der Welt statt. Aus drei Polospielen geht der Gewinner zwischen den Erzrivalen Chitral und Gilgit hervor, den Mannschaften aus den Gebieten zu beiden Seiten des Shandur-Passes. Der »Sport der Könige« entstand in Persien, und die Regeln, oder eher das Fehlen derselben, nach denen hier gespielt wird, kommen dem ursprünglichen Polospiel am nächsten. Beim modernen Spiel, das von britischen Offizieren im 19. Jahrhundert in Indien entwickelt wurde, werden ganze Herden gut umsorgter Ponys eingesetzt, die zu Spielen um die ganze Welt geflogen und die bei ersten Ermüdungserscheinungen rasch ausgewechselt werden. Am Shandur-Pass werden die Ponys für die gesamte Spieldauer von 50 Minuten eingesetzt. Sie können nicht ausgewechselt werden, sodass das Spiel in gleichem Maße von Pferd und Reiter abhängt. Während des zweiten Spiels starb eines der Tiere an einem Herzinfarkt. Es gibt keinen Schiedsrichter, und das Maß körperlicher Gewalt unter den Spielern liegt nur unwesentlich unter dem beim Eishockey.

Indien – Srinagar

17. SEPTEMBER

In Srinagar trägt ein Mann das tägliche Brot nach Hause.

USA – Chicago

16. APRIL

Der letzte Schliff: Exquisite Waffen sind für viele US-Amerikaner eine Selbstverständlichkeit.

Marokko – Fès

16. SEPTEMBER

»IN FÈS GIBT ES NUR EINE ZEIT UND EINEN STIL, nämlich von gestern. An diesem wundersamen Ort ist die Zeit stehen geblieben.« So heißt es bei den Tharaud-Brüdern, französischen Reisenden, die die Stadt in den 1930er-Jahren besuchten. Bis 1912 war Fès eine geschlossene Stadt. Außenstehende erhielten nur mit einem Passierschein Einlass, der die Aufenthaltsdauer meist auf 48 Stunden beschränkte. Wer länger blieb, lief Gefahr, geköpft zu werden – anschließend wurde der Kopf vor den Toren der Stadt auf eine Stange aufgespießt. Als wir die Medina betraten, schien sich das Leben innerhalb des Gewirrs kleiner Gassen, die zu kleinen Plätzen mit Märkten und Moscheen führten, in den vergangenen Jahrtausenden tatsächlich nur wenig geändert zu haben. Man erzählte uns, dass die Medina von Fès vor 600 Jahren 785 Moscheen, 93 öffentliche Bäder und 200 Gerbereien besaß. Bei dem Gedanken an den Gestank wurde mir ganz anders. Leider durften wir die 859 n. u. Z. gegründete Moschee El Kairouine nicht betreten, die zu den schönsten in Nordafrika zählt und bis zu 20.000 Menschen Platz bietet.

USA – Chicago

17. APRIL

DAS WAFFENGESCHÄFT AN CHICAGOS O'HARE-FLUGHAFEN verfügt über einen Schießstand und eine Werkstatt. Von der Straße aus erinnert der Laden an einen kleinen Supermarkt, genau genommen handelt es sich um eine Sportwarenhandlung für Jagdfreunde. Auf Menschen, denen die amerikanische Waffenkultur fremd ist, wirkt das Geschäft mit seinem Arsenal tödlicher Waffen jedoch eher wie der »Little Shop of Horrors«.

Vom zierlichen Derringer, den die Dame im Western immer im Strumpfband trägt, über Furcht einflößende Jagdmesser, mit denen man problemlos eine Enthauptung vornehmen kann, bis zur Maschinenpistole ist hier alles zu finden. Der stämmige Ladenbesitzer händigte lässig zwei noch stämmigeren Kunden – einem Mann mit einer Ray-Ban-Sonnenbrille und einer stark tätowierten Frau - zwei Kisten mit Munition aus. An der Wand hingen Zeitungsausschnitte, die das Ende der Waffengesetze feierten, und drei Zielscheiben in Postergröße: die klassische männliche Silhouette mit Zielscheibe, ein maskierter Schurke und – merkwürdig genug – eine kräftig gebaute Frau in nachlässiger Kleidung, die wohl die »Ehefrau« oder »Mutterfigur« darstellte.

Marokko – Fès

15. SEPTEMBER

Ein Schnitzer arbeitet in der Medina von Fès.

Bhutan – Paro

18. APRIL

Hochkonzentrierte Anspannung – ein Bogenschütze bei Schießübungen im Paro-Tal nahe der Klosterburg Rinpung Dzong.

China – Guiyang

14. SEPTEMBER

WIR KAMEN ZUR ZEIT DES REISPFLANZENS zu den Hügeln rund um Guiyang, der Provinzhauptstadt von Guizhou. Diese Provinz ist die am wenigsten entwickelte in China, was sicherlich auch damit zusammenhängt, dass sie seit dem frühen 3. Jahrhundert niemals vollständig unter der Kontrolle der chinesischen Regierung stand. Die Miao-Minderheit, die diese Gebirgsregion im Süden bewohnt, hat kulturell und sprachlich weitaus mehr Gemeinsamkeiten mit den Bergvölkern Südostasiens als mit der Han-Bevölkerung, die in China die Mehrheit bildet. Zwei Autostunden von Guiyang entfernt, verwandelt sich die mit Schlaglöchern bedeckte Asphaltstraße in einen schlammigen Weg, der sich die von endlosem Nieselregen eingehüllten Berge hochwindet. Als wir oben ankamen, versuchte eine milchige Sonne gerade mit aller Macht, durch die schiefergraue Wolkendecke zu brechen. Wir stiegen aus, um das jahrhundertealte Ritual der Erneuerung zu fotografieren, mit dem die Bauern knietief in kaltem Schlamm stehend ihre Zukunft in Form von leuchtend grünen Setzlingen dem Boden anvertrauen.

Bhutan · Paro

19. APRIL

DIE RINPUNG DZONG (FESTUNG DES JUWELEN-HÜGELS) ist das erste Gebäude, das die meisten Besucher aus der Luft sehen, wenn sie auf dem Weg zum einzigen Flughafen Bhutans durch das hübsch terrassierte Paro-Tal fliegen. Das Bauwerk ist nicht nur eines der schönsten Beispiele der Festungsarchitektur des Landes, aus seiner gesamten Präsenz spricht auch der Zauber, der Bhutan ausmacht. Die eher als Paro Dzong bekannte Klosterfestung wurde 1646 von Shabdrung Ngawang Namgyal auf den Grundsteinen eines kleinen Forts der Herren von Humrel errichtet. Auf dem Hügel oberhalb befindet sich Ta Dzong, der ehemalige Wachtturm des Paro-Tals, heute Nationalmuseum mit einer erlesenen Sammlung bhutanischer Antiquitäten. Jahrhundertelang haben diese beiden strategisch günstig gelegenen Festungen zusammen eine wesentliche Rolle bei der Abwehr tibetischer Angreifer gespielt, die Bhutans Westgrenze über die Pässe am 7300 Meter hohen Jomolhari-Berg zu überqueren suchten.

China – Guiyang

13. SEPTEMBER

Eine Bäuerin, die zur ethnischen Minderheit der Miao gehört, pflanzt Reissetzlinge in den fruchtbaren Schlamm ihres Feldes.

Sambia – Mpulungu

20. APRIL

Der Helfer eines Medizinmannes aus der Demokratischen Republik Kongo hält bei einer Zeremonie eine Kalebasse.

Pakistan – Taxila

12. SEPTEMBER

TAXILA WAR DIE HAUPTSTADT DES KÖNIGREICHS GANDHARA, das im Peschawar-Tal vom 5. Jahrhundert v. u. Z. bis zum 7. Jahrhundert n. u. Z. florierte. Alexander der Große eroberte das Gebiet 326 v. u. Z., die Griechen regierten Taxila dann 200 Jahre lang. Die Stadt wurde zu einem der bedeutendsten Zentren frühbuddhistischer Kunst und Wissenschaft und besaß eine der größten Universitäten der Alten Welt. Hier gestalteten griechische Bildhauer, die zum Buddhismus übergetreten waren, die ersten Abbilder Buddhas nach dem Kopf des Apollo. Von Taxila aus gelangte der Buddhismus durch Händler über die Seidenstraße nach China und darüber hinaus. Vor diesem vielfältigen kulturellen Hintergrund wurde uns ein Schauspiel geboten, das aufs Anschaulichste menschliche Torheit und Überschwang repräsentiert, nämlich ein Stierrennen. Zwei Stiere werden zusammen unter einem Joots – einem schweren Holzrahmen – angejocht, während der Fahrer auf etwas steht, das an den Deckel einer Mülltonne erinnert. Nur wenige Mannschaften beenden die 500 Meter lange Strecke.

Sambia – Mpulungu

21. APRIL

WIR ÜBERQUERTEN DEN TANGANJIKASEE auf der Liemba, gingen in Sambia an Land und stellten fest, dass wir uns hier im »Herz der Finsternis« befanden. Unweit des Sees trafen wir in einem kleinen Strohhüttendorf Doktor Baela und seine Helfer. Baela war ein junger Medizinmann aus der Demokratischen Republik Kongo, den die Dorfbewohner herbeigerufen hatten. Er sollte das Treiben eines schwarzen Hexers untersuchen, der angeblich fünf oder sechs Menschen auf dem Gewissen hatte. Im Haus des Beschuldigten fand der »Doktor« eine Ledergurde mit einer Mischung aus Gift und Blut, von dem man annahm, es sei das des Opfers. Zu Beginn des Verhörs schwenkten Baelas Helfer Idole aus Ton, Kruzifixe mit Muschelintarsien, Spiegel und ein riesiges Antilopenhorn über dem Kopf des Mannes. Anschließend schnitten sie ihn mehrfach mit rostigen Rasierklingen und rieben ein weißes Pulver in die blutigen Wunden, während Baela den Mann mit Fragen bestürmte. Der war inzwischen viel zu benommen, um auch nur ein Wort sagen zu können. Zu Beginn der Zeremonie strich Baela mit einem weißen Hahn über den Kopf des Hexers.

Pakistan – Taxila

11. SEPTEMBER

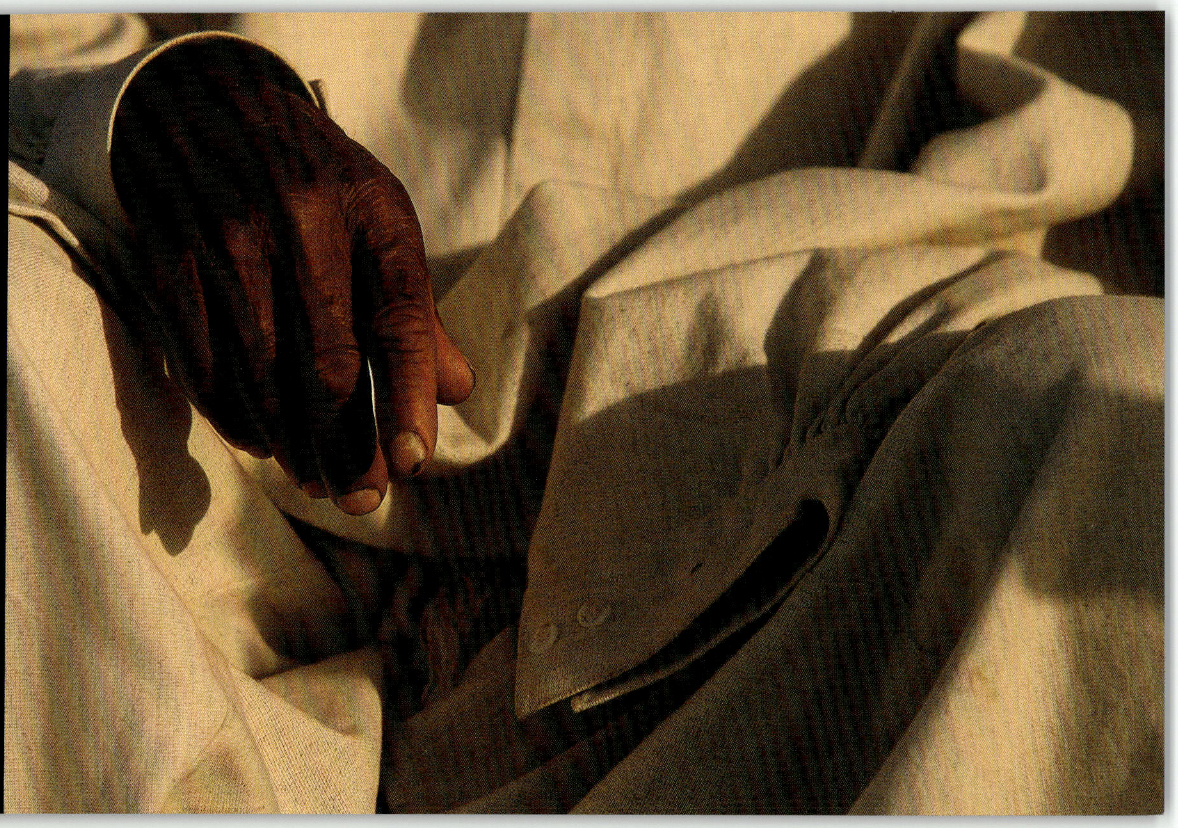

Bei einem der tollkühnen Stierrennen in Taxila verlor dieser Mann seinen linken Arm.

Indien – Longwa

22. APRIL

Ein alter Krieger der Naga im Nordosten Indiens sieht in Longwa den jüngeren Männern beim Tanz zu.

USA – Key West

10. SEPTEMBER

ZU DEN FEIERLICHKEITEN ANLÄSSLIGH DES 100. GEBURTSTAGS HEMINGWAYS fuhren wir auf dem US One nach Key West. Die ursprünglich Overseas Highway genannte Straße wurde 1938 fertiggestellt. Sie ersetzte die Bahnstrecke, die beim berüchtigten Labour-Day-Hurrikan 1935 zerstört worden war. Der Highway läuft über 200 Kilometer und verbindet mit über 40 Brücken die Inseln, die an der Spitze Floridas den Atlantik vom Golf von Mexiko trennen. Die längste dieser Brücken ist die Seven Mile Bridge. Sie führt über ruhige, von einem Korallenriff geschützte Gewässer. Seinen eher zweifelhaften Ruf erhielt Key West im 16. Jahrhundert durch die Spanier, die auf der Suche nach Gold und ewiger Jugend in der Neuen Welt landeten. Sie stellten schnell fest, dass man sich seinen Lebensunterhalt auf dieser abgelegenen, aber strategisch günstig gelegenen Insel bestens als Pirat und Schmuggler verdienen konnte. Heute ist Key West ein Touristenparadies, das die Vergangenheit romantisiert und eine Verschnaufpause vom Stress und der Banalität der Mainstreamkultur anbietet – allerdings ist Letzteres nur Wunschdenken.

Indien – Longwa

23. APRIL

DIE NAGA LEBEN VON DER SUBSISTENZWIRTSCHAFT. Die Jäger und Sammler waren bis 1991 Kopfjäger. Sie leben in abgelegenen Dörfern im Nordosten Indiens in den Vorgebirgen des Himalaya, an den Grenzen zu China, Burma und Bangladesch. Das Dorf Longwa liegt auf einem Grat genau auf der Grenze zwischen Indien und Burma. Theoretisch fielen also alle Behausungen, die westlich des Hauses des Hauptmanns gelegen sind, unter indische Rechtsprechung, während man östlich davon den Generälen aus Burma gehorchen müsste. In einer Gegend, in der die meisten Menschen miteinander verwandt sind und man für Grenzen – und für jene, die sie aufstellen – nur wenig Respekt aufbringt, sieht die Realität jedoch anders aus. Vor der imposanten Kirche der amerikanischen Baptisten, die die Naga zur Aufgabe der Kopfjägerei bewegten, liegt ein Fußballplatz, auf dem sich anlässlich ihrer Feste Tausende von ihnen einfinden. Hier feiern, singen und tanzen sie. Beim Pythontanz stellen die Naga-Krieger alte und berühmte Kämpfe gegen weit entfernte – und nun vermutlich kopflose – Feinde nach.

USA – Key West

9. SEPTEMBER

Auf Key West sind sich auch Leguane für Bierwerbung nicht zu schade.

China – Shaanxi

24. APRIL

Bohnen und mehr – der Lössboden im Hochland am Gelben Fluss erbringt reiche Ernten.

Indonesien · Borobudur

8. SEPTEMBER

ES WAR EIN MERKWÜRDIGES GEFÜHL, von einem Muezzin geweckt zu werden und dann die Sonne über einem der größten buddhistischen Monumente der Welt aufgehen zu sehen. Borobudur wurde ungefähr zwischen 780 und 830 n. u. Z. auf der Spitze eines Hügels errichtet, der in gleichem Abstand zu den fünf umliegenden Vulkanen liegt. Etwa 60.000 Kubikmeter schwarzes Lavagestein wurden hierher transportiert und um die Spitze des Hügels herum zu einer massiven Pyramide aufgetürmt. Aus den vier Himmelsrichtungen führen die »Treppen zum Nirwana« über neun Stufen zur Spitze, ähnlich wie bei einem Mandala. Unten illustrieren sechs rechteckige Galerien mit 1500 Steinreliefs das Leben des Buddha und seinen Weg zur Erleuchtung. Darüber liegen drei konzentrische kreisförmige Terrassen mit 72 Gitterstein-Stupas, die jeweils eine Buddhastatue verbergen. Den Abschluss der Pyramide bildet eine Pagode. Ihr Innenraum blieb frei und stellt das Nirwana dar, den Zustand der Leere.

China – Shaanxi

25. APRIL

DER LANGE MARSCH DER ROTEN ARMEE endete in Yanan. Als sie dort ihre Kräfte erneut gesammelt hatten, nahmen die chinesischen Kommunisten den Kampf wieder auf und begannen mit ihrer Eroberung Chinas. Dementsprechend gilt die Stadt als Wiege der Revolution und als ein entsprechender Höhepunkt der »Roten Tour 2005« – einem Versuch von Reiseveranstaltern, ein paar Touristen mit Dollars in der Tasche an diesen entlegenen Ort im Hinterland zu locken. Die Strecke von Yanan nach Ansai führt über das hügelige Lössplateau am Gelben Fluss. Es handelt sich um die größte Lössablagerung der Welt (etwa von der Größe Frankreichs). Geologen gehen davon aus, dass sie vor 1,67 bis 2,4 Millionen Jahren entstanden ist, als das Hochland von Tibet aus dem Ozean aufstieg. Über Jahrtausende haben hier die Bauern dem Boden ihren Lebensunterhalt abgerungen, indem sie Terrassenfelder anlegten und so versuchten, die fruchtbare Erde zu bewahren. Der Löss ist sehr erosionsanfällig, sodass die Region immer wieder von Katastrophen heimgesucht wird. Trotz der Instabilität des Bodens werden große Verbindungsstraßen über das Plateau gebaut.

Indonesien – Borobudur

7. SEPTEMBER

Ein Meister seines Fachs arbeitet an einer Figur aus getrocknetem Büffelleder für das traditionelle javanische Schattenspiel.

USA – Alcatraz

26. APRIL

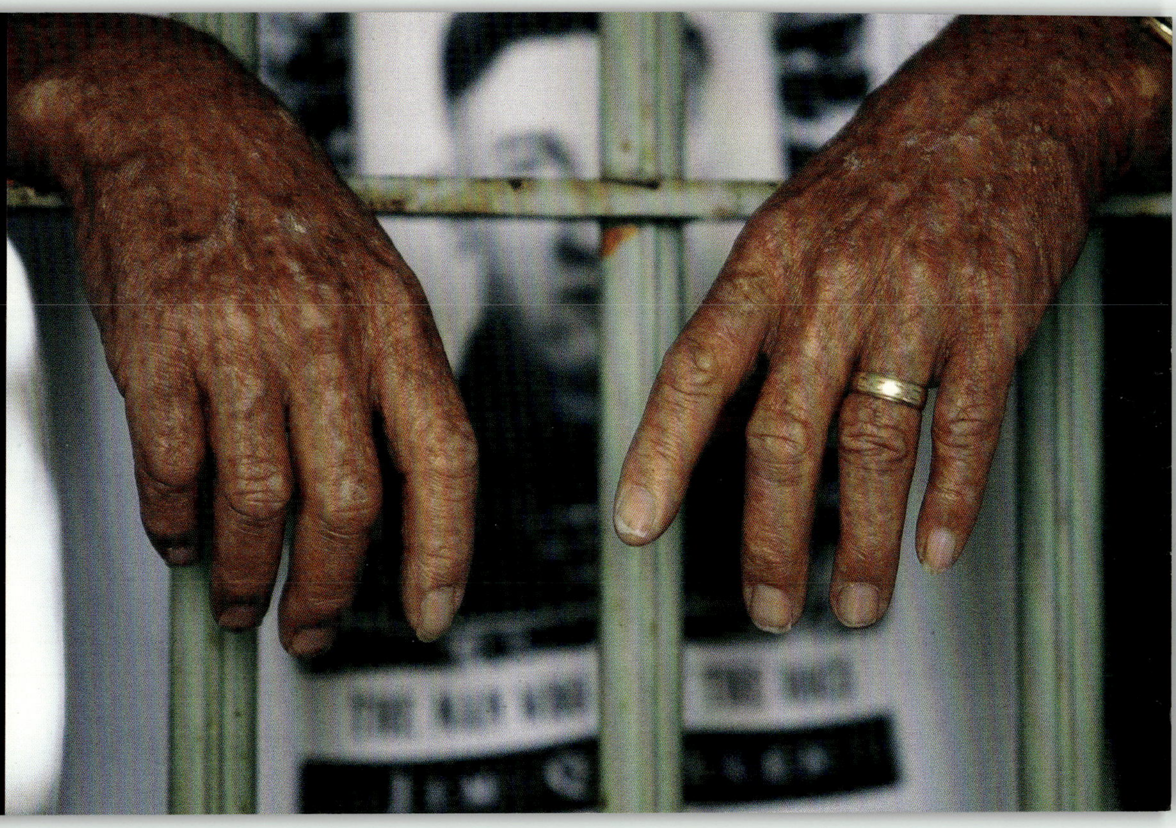

Jim Quillan war einst Gefangener 586 im berüchtigten Gefängnis The Rock auf Alcatraz.

China – Yangshuo

6. SEPTEMBER

GUILIN UND DER ABSCHNITT DES LI-FLUSSES (Lijiang), der durch das nahe gelegene Yangshuo fließt, bilden vermutlich die berühmteste landschaftliche Sehenswürdigkeit Chinas und das älteste Ausflugsziel des Landes. Seit der Sui-Dynastie im späten 6. Jahrhundert haben sich Dichter und Maler von Guilin und den »Sieben Sternen« inspirieren lassen. Jene Karstlandschaft soll dem Sternbild des Großen Wagens ähneln und der Wohnort der Unsterblichen sein. Billige Unterkünfte und die herrliche Umgebung haben Yangshuo zu einem Lieblingsziel der Rucksacktouristen werden lassen. Heute werden sie mehr und mehr von Gruppenreisenden verdrängt, und mit der Eröffnung eines Luxushotels scheint Yangshuo seine Ziele noch höher zu stecken. An den Ufern des Li-Flusses wird ein ausgefallenes Multimediamusical des berühmten Regisseurs Zhang Yimou aufgeführt, der mit der Gestaltung der Eröffnungs- und Schlussfeier der Olympischen Spiele in Peking 2008 beauftragt war. Doch in den Seitenstraßen, fernab jeglicher Touristenpfade, kann man auch heute noch älteren Männern dabei zusehen, wie sie sich mit der Kartenversion des Mah-Jongg-Spiels die Zeit vertreiben.

USA – Alcatraz

27. APRIL

DIE INSEL ALCATRAZ LIEGT MITTEN IN DER BUCHT VON SAN FRANCISCO, einige Kilometer von der Stadt entfernt. Am bekanntesten ist die Insel wegen des Hochsicherheitsgefängnisses The Rock, in dem zwischen 1934 und 1963 einige der berüchtigsten Verbrecher Amerikas verwahrt wurden. Trotz der Nähe zum Festland waren Fluchtversuche durch die tückischen und häufig sehr kalten Ozeanströmungen unmöglich. Lediglich 14 Fluchtversuche wurden registriert – sie scheiterten allesamt. Heute kann man Alcatraz besichtigen. Zwei ehemalige Insassen, die Gefangenen 586, Jim Quillan, und 1103, Glenn Williams, die beide Bücher über ihre Erfahrungen in Alcatraz geschrieben haben, führten uns durch die Anlage. Jim, der wegen Bankraubs eingesessen hatte, schrieb sein Buch »Memoirs of Life Inside«, um Jugendlichen zu erklären, wie es im Gefängnis – im Gegensatz zur idealisierten Macho-Fassung der Medien – wirklich zugeht: »Wisst ihr, was Gefängnis wirklich bedeutet? Tränen und Trauer, Herzschmerz und Einsamkeit, Bitterkeit, Mord, Selbstmord und Tod. Das ist Gefängnis.«

China – Yangshuo

5. SEPTEMBER

Mah Jongg ist in China äußerst populär und wird auch mit Karten gespielt.

Thailand – Bangkok

28. APRIL

Ein Händler hält eine Melone auf dem Markt in Bangkoks Chinatown am Chao Phraya.

Pakistan – Lahore

4. SEPTEMBER

VOM NAULAKA-PAVILLON IN DER FESTUNG VON LAHORE aus erblickt man ein Beispiel der wahren Genialität der Mogularchitektur: die Badshahi-Moschee. Hinter einem monumentalen Tor erstreckt sich ein gewaltiger, von roten Steinmauern eingefasster Platz, auf jeder Mauerecke erhebt sich ein Minarett. An drei Seiten ist der Platz von weißen Bogengängen eingefasst, in der Mitte des Innenhofes befindet sich ein großer Springbrunnen aus Marmor. Der Innenhof gilt als einer der größten der Welt und bietet bis zu 60.000 Gläubigen Platz. Dem Tor gegenüber befindet sich der von drei Marmorkuppeln gekrönte Gebetsraum. Der Innenhof war bei unserem Besuch leer. Aufgrund der Hitze wurden die Sandsteinplatten für die nackten Füße selbst der Frömmsten schlichtweg unbegehbar. So wurde zwischen dem Eingang und dem Gebetsraum ein langer Streifen aus dünnen Teppichen und Jutesäcken über den Platz gelegt. Während die Gläubigen hintereinander über diesen schmalen Pfad zum Mittagsgebet gingen, hielten zwei Männer die Teppiche fortwährend mit Wasserschläuchen feucht.

Thailand – Bangkok

29. APRIL

IM JAHR 1782 LIESS KÖNIG RAMA I. die Hauptstadt des Königreiches Siam vom westlichen ans östliche Ufer des Chao Phraya verlegen. Die chinesischen Händler, die hier ursprünglich ansässig waren, wurden ins Gebiet der heutigen Chinatown umgesiedelt, wo viele ihrer Nachkommen bis heute leben und heute Märkte locken. 1785 wurden der Königspalast, Tempel und Regierungsgebäude fertiggestellt und die Hauptstadt offiziell eingeweiht. Ihr neuer Name bestand aus 65 Thai-Silben und lautet in etwa: »Stadt der Engel, Ruheort der göttlichen Juwelen, Großes unbesiegbares Land, Großartiges und hervorragendes Reich, Königliche Hauptstadt voll der Freuden und Hort der neun wertvollen Edelsteine, Höchstes königliches Domizil und Großer Palast, Göttlicher Schutzort und Wohnsitz der wiedergeborenen Seelen«. Genau genommen ist dieser Name nicht die schlechteste Beschreibung für die Metropole, die die Thais in der vereinfachten Form als Krung Thep, »Stadt der Engel«, bezeichnen und die wir übrigen Sterblichen als Bangkok kennen.

Pakistan – Lahore

3. SEPTEMBER

Vor der Badshahi-Moschee verkauft ein Junge den Gläubigen Wasser.

Thailand – Bangkok

30. APRIL

Die besonders scharfen grünen Chilischoten heißen in Thailand »kleine Bomben«.

China – Yushu

2. SEPTEMBER

DIE ERÖFFNUNGSFEIERLICHKEITEN DES SOMMERLICHEN PFERDEFESTS in Yushu erinnern unverkennbar an die Sowjetparaden zum Ersten Mai. Kolonnen blauer Lastwagen und Traktoren, die mit Blumengirlanden, Bändern und kommunistischen Parolen geschmückt waren, wurden von einer Ehrengarde schwerer Motorräder begleitet. Auf ihnen saßen zu Hells Angels mutierte tibetische Reiter, denen die Zuschauer zujubelten. Dann begannen die Tanzvorführungen, die mehrere Tage und Nächte andauerten. Der Paradeplatz glich einem Meer aus intensiv leuchtenden Farben, umgeben von einer Arena knallgrüner Hügel. Das Ganze wurde in gleißendes, nahezu unwirkliches Sonnenlicht gehüllt, das ungefiltert durch die dünne Luft der Hochebene auf etwa 4500 Meter Höhe fiel. Viele der Zuschauer erfreuten das Auge mit einem noch prächtigeren Anblick als die Darbietenden. Sie trugen traditionelle Gewänder, die ein lebhaftes Farbenspiel leuchtender Töne in Rot und Rosa, Blau und Gelb boten, und hatten Korallen-, Bernstein- und Türkisschmuck in ihre schwarzen Haare geflochten.

Thailand – Bangkok

1. MAI

Landungssteg am Chao Phraya gegenüber dem Wat Arun. Wenngleich die Wirtschaft zurzeit etwas unsicher ist, hat sie sich in der Region den Titel »Hervorragendes Wirtschaftsreich« verdient und ist mit Sicherheit eine »Hauptstadt voll der Freuden …«.

FÜR DIE TAUSENDEN GIS, die die Stadt während des Vietnamkriegs besuchten, und die unzähligen Touristen, die seitdem das berüchtigte Nachtleben gefördert haben, ist Bangkok zweifelsohne eine »Stadt der Engel«. Sie kann auch als »Unbesiegbares Land« gelten, denn trotz des Hereinbrechens westlichen Gedankenguts und eines oberflächlichen Fortschrittes ist die Stadt im Wesentlichen Thai geblieben, wie hier am Landungssteg am Chao Phraya gegenüber dem Wat Arun. Wenngleich die Wirtschaft zurzeit etwas unsicher ist, hat sie sich in der Region den Titel »Hervorragendes Wirtschaftsreich« verdient und ist mit Sicherheit eine »Hauptstadt voll der Freuden …«. Bangkok besitzt »Juwelen« im Überfluss – Wats, die erlesenen Künste, die Speisen und, wortwörtlich, einen umfassenden Edelsteinhandel. Wir nehmen an, dass mit »Höchstes königliches Domizil« die luxuriösen Apartments gemeint sind – und natürlich wissen wir, wo der »Große Palast« ist. Als fromme buddhistische Stadt ist Bangkok ohne jeden Zweifel ein »Göttlicher Schutzort der wiedergeborenen Seelen«.

China – Yushu

1. SEPTEMBER

Eine Besucherin des Pferdefests in Yushu trägt dem feierlichen Anlass gemäß ihren schönsten Türkisschmuck.

Malaysia – Nanga Sumpa

2. MAI

Ein älterer Mann der Iban auf Borneo schnitzt an einem Zeremonialdolch.

Mali – Mopti

31. AUGUST

IM LAUF DER JAHRHUNDERTE wandelte sich das Schicksal der Stadt Mopti entsprechend dem Lauf des Nigers durch Malis Landschaft. Zunächst ersetzte Mopti Timbuktu als bedeutendstes Zentrum des Salzhandels in der Sahara. Dann, als sich der Lauf des Niger änderte und der Fluss sich von den großen mittelalterlichen Städten wie Djenne stromabwärts entfernte, wurde Mopti zum wichtigsten Hafen. Am Zusammenfluss von Niger und Bani in einem ausgedehnten Binnendelta gelegen, das sich aus Tausenden von Wasserwegen und Lagunen zusammensetzt, kann man Mopti selbst in der Trockenzeit mit dem Boot erreichen. Die niedrigen Pegelstände bringen jedoch den üblichen Pendelverkehr der dreigeschossigen Fähren auf diesem Teil des Flusses zum Erliegen. Am Tag unserer Ankunft – kurz vor dem Tabaski-Fest – lagen die Schiffe dann auch wie gestrandete Wale vor Anker. Mopti pulsierte vor Aktivität, während unten am Fluss Pirogen mit Menschen, Waren und Ziegen am schlammigen Ufer einen Platz zum Vertäuen suchten.

Malaysia – Nanga Sumpa

3. MAI

UNSERE KANUS SCHNITTEN DURCH DIE SPIEGELGLATTE OBERFLÄCHE des Bantang-Ai-Stausees, aus dem die Kronen riesiger Bäume wie die Säulen griechischer Tempelruinen hervorstachen. Um uns herum herrschte Stille. Wir befanden uns im malaysischen Bundesstaat Sarawak auf der Insel Borneo und waren auf dem Weg zu einer Iban-Siedlung namens Nanga Sumpa. Dieser Ort liegt 280 Kilometer südöstlich der Hauptstadt Kuching und nahe der indonesischen Provinz Kalimantan. Als wir den See verließen und den Fluss hinauffuhren, wurde die Stille von einer Kakofonie aus Vogelschreien, dem pulsierenden Singen der Zikaden und dem Rauschen fließenden Wassers gebrochen. Der Fluss wand sich stets aufs Neue und wurde immer schmaler und flacher, was eine düstere Atmosphäre wie in »Das Herz der Finsternis« heraufbeschwor. Ein Fischer erzählte uns, dass das Stauprojekt nicht gut für die Fischerei gewesen sei. Am Ende der Reise stand ein 100 Meter langes Langhaus mit 28 Türen, was bedeutet, dass hier 28 Familien lebten.

Mali – Mopti

30. AUGUST

In Mopti repariert ein Straßenmechaniker einen alten Mercedes.

Mali – Djenne

4. MAI

Eine Ziege wird für das islamische Opferfest Tabaski in Djenne zum Schlachten geführt.

Bangladesch – Dhaka

29. AUGUST

DIE WEGBESCHREIBUNG KLANG GANZ EINFACH: »Die Fabrik liegt am Stadtrand. Wir treffen die Besitzerin in ihrem Büro, und sie wird uns zur nahe gelegenen Fabrikhalle führen ...« Man verschwieg uns jedoch, dass wir Stunden im chaotischen Verkehr Dhakas verbringen würden. In einem Land, in dem sich der Reichtum in den Händen von weniger als einem Prozent der Bevölkerung konzentriert, sorgt das permanente Verkehrschaos Dhakas für ausgleichende Gerechtigkeit. Die vollgestopften Straßen der Stadt geben den übrigen 99 Prozent die Gelegenheit, sich wortwörtlich den Reichen »vor die Nase zu setzen« und deren brandneue Geländelimousinen zu blockieren. Die 700.000 Fahrradrikschas, die kreuz und quer durch die Seitenstraßen fahren, sind häufig die einzige Alternative zum eingekeilten Stehen zwischen Wällen aus alten Bussen und zerbeulten Lastwagen, die eine Wolke schädlicher schwarzer Abgase ausstoßen. Die Textilfabrik ist dagegen relativ leise und klimatisiert. Eine neue Generation Fabrikbesitzer bemüht sich, die Ausbeutung in der Textilbranche zu beenden, aber ganz bestimmt durften wir nur eine Vorzeigefabrik besichtigen.

Mali – Djenne

5. MAI

IM 13. JAHRHUNDERT WAR DJENNE DER BEDEUTENDSTE HANDELSHAFEN DER REGION. Flotten von Segelschiffen, die auf dem Fluss Bani Handel trieben, gingen hier vor Anker. Karawanen mit Tausenden von Kamelen tauschten Gold und Elfenbein aus dem südlicher gelegenen afrikanischen Inland gegen Steinsalz aus der nördlich gelegenen Sahara. Djenne mit seinen berühmten Bauwerken im sudanesischen Stil gilt als die schönste Stadt des Sahel. Das bedeutendste Monument in der mittelalterlichen Stadt ist die Große Moschee. Das größte Lehmbauwerk der Welt wurde im 13. Jahrhundert nach den Entwürfen eines Architekten aus dem maurischen Andalusien erbaut. Wir verbrachten das Tabaski-Fest, eines der wichtigsten Ereignisse im moslemischen Kalender, in Djenne. Für Ziegen und Schafe war dies eher ein schlechter Tag: Weltweit schlachten Muslime während des Opferfestes Millionen Tiere und teilen das Fleisch mit den Armen. Beim Tabaski-Fest wird der Bereitschaft Abrahams gedacht, sich dem Willen Allahs zu unterwerfen und seinen einzigen Sohn zu opfern.

Bangladesch – Dhaka

28. AUGUST

Eine Arbeiterin befestigt Stoff an einer Maschine in einer Textilfabrik.

China – Qinghai

6. MAI

Die farbenfrohe tibetische Tracht des Mädchens ist in den beliebten Kontrastfarben Rot und Grün gehalten.

Französisch-Polynesien – Bora Bora

27. AUGUST

FÜR DIE FANTASIE DER EUROPÄER besitzt der Name Tahiti eine nahezu unübertroffene Anziehungskraft. Der Mythos begann mit den Berichten Kapitän James Cooks über die Inseln. Die Meuterer, die sich der Bounty bemächtigten und mit einigen tahitischen Frauen im Pazifik verschwanden, hielten ihn aufrecht, und später nahmen die sinnlichen Gemälde Paul Gauguins das Thema künstlerisch auf. Bis heute fordert der Versuch, das Wesen und die Schönheit Tahitis zu erkunden, den Verstand – und das Bankkonto – vieler Menschen heraus. Legendär sind die Bemühungen Marlon Brandos, auf seiner eigenen tahitischen Insel ein Utopia entstehen zu lassen, was er mit der Gage aus seiner Hauptrolle in Meuterei auf der Bounty finanziert haben soll. Bora Bora ist mit seinem Vulkan und beeindruckenden Kratersee die bekannteste und reizvollste der 118 Inseln und Atolle Französisch-Polynesiens. Die meisten Bewohner der Insel arbeiten in der Tourismusbranche, die Rituale zu kulturellen Shows werden lässt. Die traditionellen Tänze, insbesondere der Feuertanz, sind bei Touristen sehr beliebt.

China – Qinghai

7. MAI

ES WAR EIN GRAUER, NEBLIGER TAG und die Sicht über den Qinghai-See begrenzt. Auf 3200 Meter Höhe im Hochland von Tibet gelegen, schien der größte Salzsee Chinas trostlos und öde. Die düstere Stimmung wurde durch ein aufgegebenes, halb fertiges Schiff, das am Ufer vor sich hin rostete, noch verstärkt. Es erinnerte mich an ein Plakat in der Hotellobby, das für Luxuskreuzfahrten auf dem 4635 Quadratkilometer großen See warb. Angesichts des momentanen Zustands des Schiffes schien mir das Versprechen eines »schwimmenden Palastes« etwas zu optimistisch. Das Projekt war nach Protesten führender Umweltschützer und Wissenschaftler eingestellt worden. Diese vertraten die Ansicht, Tourismus im großen Stil ziehe Umweltverschmutzung nach sich und gefährde das anfällige Ökosystem des Sees. Auf der Touristenmeile wurden Bootsfahrten zur Vogelinsel angeboten, auch von einem kleinen Mädchen in tibetischer Nationaltracht. Ich lehnte dankend ab, was sich als eine vernünftige Entscheidung herausstellen sollte. Ich erfuhr eine Woche später, dass man tote, mit Vogelgrippe infizierte Wildgänse auf der Insel gefunden hatte.

Französisch-Polynesien –
Bora Bora

26. AUGUST

Auf Bora Bora werden Tanzveranstaltungen durch das Trompeten der Schneckenhörner angekündigt.

Chile – Santiago

8. MAI

Keine Angst vor Menschen haben die Tauben auf Santiagos Plaza de Armas.

Bhutan – Bumthang

25. AUGUST

DER VERWALTUNGSDISTRIKT BUMTHANG DZONGKHAG umfasst die vier Täler Chumey, Choekhor, Tang und Ura. Sitz der örtlichen Regierung und regionales Handelszentrum ist Jakar im Choekhor-Tal. Hier findet sich auch der größte Teil der 29 alten Tempel, Klöster und heiligen Stätten, die ansonsten in den Bumthang-Tälern verstreut liegen. Zusammen bilden sie ein wahres Museum der Geschichte und der Entwicklung der verschiedenen Buddhismusströmungen. Daneben sind sie auch eine Schatzkammer der bhutanischen Sakralkunst und Maltraditionen. Die älteste heilige Stätte im Jakar-Tal ist der Jampa Lhakhang aus dem 7. Jahrhundert. Er ist einer der 108 Tempel des tibetischen Königs Songtsen Gampo, die die unter dem Königreich Tibet liegende Riesin bändigen sollten. Jampa wurde über ihrem linken Knie errichtet, während der Kyichu Lhakhang in Paro auf ihrem linken Fuß steht.

Chile – Santiago

9. MAI

DIE PLAZA DE ARMAS IN SANTIAGO ist der Tiananmen-Platz Chiles. Auch sie wurde zum Schauplatz eines politischen Dramas. Hier fand am 11. September 1973 der von der CIA unterstützte Coup statt, der die sozialistische Regierung Salvador Allendes stürzte. Eine dunkle Zeit begann, Repressionen und politische Morde waren unter der Militärdiktatur an der Tagesordnung. An diese Ereignisse erinnert das große Denkmal der Verschollenen. Es listet die Namen all derer auf, die in den Fängen des Geheimdienstes landeten oder aufgrund ihrer politischen Überzeugungen ermordet wurden. Am Morgen unseres Besuches fanden weniger gewaltsame Auseinandersetzungen auf der Plaza satt. Im Schatten der Bäume wurden Hunderte von Schachpartien gespielt, während aus dem reich verzierten Pavillon Musik ertönte. Kinder und Hunde jagten einander durch die Schwärme von Tauben, die von den auf den Parkbänken Sitzenden gefüttert wurden. Ältere Menschen redeten leise miteinander, junge Liebende verloren sich in einem endlosen Kuss – gänzlich unbeeindruckt von der hoch aufragenden Kathedrale und den anderen imposanten Gebäuden an der Plaza.

Bhutan – Bumthang

24. AUGUST

Mit den herzförmigen Betelnussblättern werden »Doma« genannte, leicht berauschende Päckchen aus Betelnüssen und Kalkpaste umhüllt.

Spanien – Tarifa

10. MAI

Anglerglück an Spaniens Südspitze: Ein Mann präsentiert seinen Fang in Tarifa.

Italien – Venedig

23. AUGUST

DIE TRADITION DES KARNEVALS IN VENEDIG begann im Jahr 1162, als auf der Piazza San Marco der Sieg der Republik Venedig über den Patriarchen von Aquileia gefeiert wurde. Als die Stadt im 18. Jahrhundert mehr und mehr an Macht einbüßte, suchte die reiche Oberschicht nach neuen Formen der Zerstreuung. Zu jener Zeit erreichte der Karneval seinen Höhepunkt an Extravaganz und Ausschweifung, wie in den Tagebüchern des Giacomo Casanova ausführlich zu lesen ist. Zu den zeitgenössischen Empfehlungen für Verkleidungen zählten »der klagende Jude, der zitternde gichtkranke alte Mann und der angekettete Tanzbär«. Im Medienzeitalter ist der Karneval in Venedig in erster Linie eine kommerzielle Plattform für die Sponsoren großer Marken, die San Marco mit gigantischen Werbeplakaten verhüllen und ihre Kunden mit verschwenderischen Partys in den Palazzi am Canale Grande unterhalten. Gruppen theatralisch maskierter Festgäste finden sich ganztägig rund um die Piazza San Marco ein, um den Touristenhorden groteske Posen darzubieten und ihre 15 Minuten glanzvollen Ruhmes zu genießen.

Spanien – Tarifa

11. MAI

BEI KLARER SICHT KÖNNEN AFRIKANER, die sich eine bessere Zukunft außerhalb ihres Kontinents erhoffen, die Hügel von Tarifa sehen. Der südlichste Punkt Spaniens – und Europas – liegt nur knapp 15 Kilometer entfernt auf der anderen Seite der Straße von Gibraltar. Über Tausende von Kilometern pilgern sie aus ganz Afrika zur Mittelmeerküste. Einige haben die Sahara durchquert, andere in dünnwandigen Booten entlang den Küsten Mauretaniens und Marokkos dem Atlantik getrotzt. Zahlreiche dieser Migranten landen in den Auffanglagern der Europäischen Union in der spanischen Enklave Ceuta an der nördlichsten Spitze Marokkos. Hier warten sie auf ihre Einreiseverfahren nach Europa. Viele von ihnen werden des Wartens überdrüssig und versuchen, die Meerenge zu überqueren – egal womit, solange es schwimmt. Einer unbekannten Anzahl gelingt das Unterfangen, doch die Misserfolge überwiegen. In den letzten Jahren kamen bei der Überquerung mindestens 3000 Menschen um, die Überreste ihrer Boote liegen überall an den weißen Sandstränden von Tarifa, wo die Urlauber surfen, fischen und die Sonne genießen.

Italien – Venedig

22. AUGUST

Das Spiel mit Identitäten – wie die geheimnisvolle Dame mit dem Fächer – macht den Reiz des Karnevals in Venedig aus.

Japan – Kyoto

12. MAI

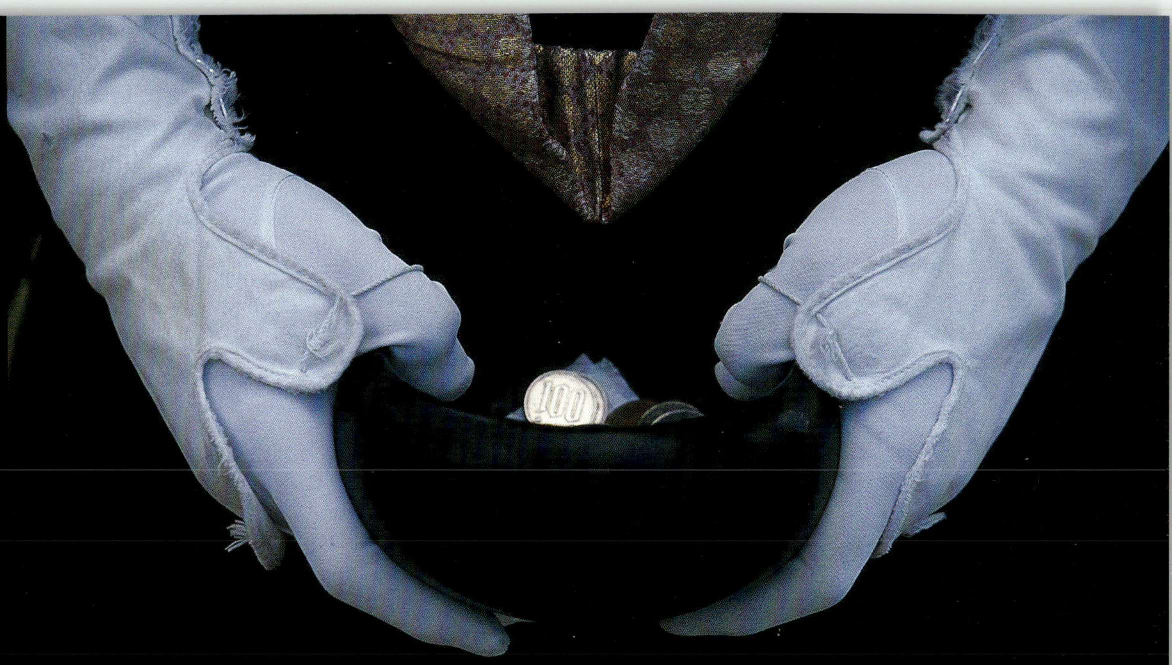

Ein Wandermönch hält geduldig seine Bettelschale vor dem Tempel Ryoan-ji.

Indien – Ladakh

21. AUGUST

LADAKH (VIELE PÄSSE) erhielt seinen Namen aufgrund seiner geografischen Lage an der Kreuzung zwischen den Gebirgsketten des Karakorum und des Himalaya und den Schluchten des Indus und dessen Nebenflüssen. Zu seiner Blütezeit war Ladakh, das zum indischen Bundesstaat Jammu und Kaschmir gehört, ein bedeutendes Handelszentrum und wichtiger Zulieferer für die südliche Seidenstraße. Die verschiedenen kulturellen Einflüsse, die sich hier bündelten, sind bis heute sichtbar. Am bedeutendsten ist der Vajrayana-Buddhismus (Diamantträger), der im 10. Jahrhundert aus Tibet kam und dem heute über die Hälfte der Bevölkerung Ladakhs angehört. Die karge Schönheit der Landschaften mit ihren schneebedeckten Gipfeln über ockerfarbenen Hügeln, die häufig von befestigten Klöstern wie dem Chemrey Gompa mit weiß gekalkten Mauern und kastanienbraunen Dächern gekrönt werden, erinnerte uns immer wieder an Tibet. Nur die wenig geistreichen Straßenschilder mit Slogans wie »Lieber spät als tot« oder »Höllentempo? Todsicher!« ließen erkennen, dass wir uns immer noch in Indien befanden.

Japan – Kyoto

13. MAI

EINMAL HATTE ICH DEN BERÜHMTEN SOAMI-ZEN-GARTEN ganz für mich allein, zehn wunderbare Minuten lang. Den pessimistischen Warnungen von Freunden und Reiseführern über die zu erwartenden Menschenmassen folgend, war ich früh genug dort, um als Erster durch die Tore des Ryoan-ji (Tempel des zur Ruhe gekommenen Drachen) zu treten. Ich ging unverzüglich zum »Garten der Leere«, fast laufend, sodass ich etwas Abstand zu den wenigen anderen Frühaufstehern gewinnen konnte. Es war ein grauer Oktobermorgen, und es fiel kaum Licht auf die 15 Steine, die in einen kleinen See aus weißem Kies gebettet sind, also legte ich meine Kameras beiseite und meditierte über die Karesansui (Trockene Landschaft). Die Steine sind in fünf Gruppen auf eine Weise angeordnet, dass man von jedem Standort aus immer höchstens 14 von ihnen auf einmal sieht. Andere Besucher traten ruhig hinzu und teilten die stille Landschaft mit mir. Eine halbe Stunde später jedoch waren der schöne Tempel aus dem 15. Jahrhundert und die einmaligen Gärten von einem Strom aus Touristen und Schulklassen überflutet.

Indien – Ladakh

20. AUGUST

Ausruhen – ein Bauer in der Nähe des buddhistischen Klosters Chemrey Gompa im indischen Ladakh.

Bangladesch – Chittagong

14. MAI

Bei Chittagong reinigt ein Mann die Kabel ausgeschlachteter Schiffe.

USA - Kalispell

19. AUGUST

Die Hargrave Ranch liegt in einem weiten Tal außerhalb Kalispells, Montana, nahe der Flathead Mountains, von denen sich die Rockies zur kanadischen Grenze hin erstrecken. Es ist eine 565 Hektar große Ranch mit 320 Rindern. In den heutigen Zeiten der industrialisierten Massenproduktion von Fleisch können kleine Farmen wie Hargrave nur überleben, wenn sie zahlenden Feriengästen die Möglichkeit bieten, ein bis zwei Wochen lang Cowboy zu spielen. Die Gäste der Ranch erlernen in einigen Schnellkursen das kleine Einmaleins der Cowboys. Sie erhalten Unterricht im Reiten, Rinderhüten und Lassowerfen und lernen außerdem, zähe Steaks und Bohnen zu verzehren.

DAS KONZEPT DER DUDE RANCH (Ferienranch) entstand zusammen mit dem digitalen Zeitalter. Stadtmenschen hinter Computerbildschirmen träumen sehnsüchtig davon, einmal alles hinter sich zu lassen. Manchen schweben Palmen, weiße Sandstrände und türkisblaue Buchten vor. Andere – verzaubert von dem nach wie vor existenten Mythos des amerikanischen Cowboys – wählen den weiten Himmel des Wilden Westens.

Bangladesch – Chittagong

15. MAI

AUF EINEM STREIFEN verunstalteten und durchwühlten Strandes südlich von Chittagong wird vom riesigen Kreuzfahrtschiff bis zum ehemaligen Frachter alles gründlichst ausgeschlachtet, um die unersättliche Nachfrage Asiens nach Stahl zu befriedigen. Auf unserem Weg zum Strand sahen wir Straßen voller Geschäfte, die verwertbares Altmaterial anboten: Fassungen von Messingbullaugen, Toilettenschüsseln und eine ganze Sammlung leuchtend orangefarbener Rettungsflöße. Das Ausschlachten von Schiffen zählte einst zu den führenden Wirtschaftszweigen und bot vielen Arbeit. Heute konkurrieren allerdings andere Länder durch ihre noch billigeren Arbeitskräfte mit Bangladesch. In einem Gewirr verschrotteter Rohre und verstreut liegender Rumpfteile, Deckaufbauten und Motoren schwirrten Hunderte Arbeiter aus ganz Bangladesch über ein Schiffswrack wie Fliegen auf einem Kadaver. Andere trennten mit ihrem rauchenden und stinkenden blauflammigen Schweißbrenner größere Stücke heraus, die dann an Kabeln über Giftmüllberge geschleppt und in handlichere Stücke zerlegt wurden. Es war Dantes Inferno schlechthin.

USA – Kalispell

18. AUGUST

Cowboy Ken bringt auf einer Ferienranch bei Kalispell Großstädtern das Lassowerfen bei.

Algerien – Sidi Ferruch

16. MAI

In dem Küstendorf Sidi Ferruch putzt ein Fischer seinen Fang.

Tibet – Yamdroktso-See

17. AUGUST

ALS ICH ZUVOR AUF DER ALTEN STRECKE zwischen Lhasa und Gyangze gefahren war, waren wir aus der anderen Richtung gekommen und ich erhaschte in der Dunkelheit nur einen flüchtigen Blick auf die westliche Spitze des Yamdroktso-Sees, bevor wir den Rest unserer Reise in die Hauptstadt fortsetzten. Diesmal erreichten wir den 4800 Meter hohen Kamba-La-Pass am Vormittag. Als wir den mit Gebetsfahnen geschmückten Passgipfel erklommen, verschlug mir der erste Anblick des tieftürkisblauen Sees inmitten der kargen, baumlosen Berge schier die Sprache. Die Tibeter nennen ihn Yumucuo (See der Schwäne), er ist einer ihrer vier heiligen Seen. Mehrere Yaks und einige riesige Tibetdoggen, auf dem Rücken mit Bändern aus roten Fäden und Seidenstoff geschmückt, warteten friedlich, während sie zusammen mit Touristen fotografiert wurden. Ihre Besitzer kümmerten sich inzwischen um die Souvenirstände am Aussichtspunkt.

Algerien – Sidi Ferruch

17. MAI

SOBALD WIR IN ALGIER ANGEKOMMEN WAREN, umgaben uns Sicherheitsbedienstete der SPS (Service de Protection Speciale). Aufgrund der gegen Ausländer verhängten Fatwa wollte die Regierung bei einem internationalen Star und dessen BBC-Team keinerlei Risiko eingehen. Seit ich im Kunststudium den Film »Schlacht um Algier« gesehen hatte, habe ich davon geträumt, die Kasbah zu besichtigen, doch aus Sicherheitsgründen erfüllte sich mein Traum leider nicht. Wir wurden nicht nur ständig von unseren sechs Bodyguards begleitet, eine Spezialeinheit der Polizei mit Maschinenpistolen überwachte außerdem jede Straßenecke entlang unserer Route. Die Sicherheitstruppe, die vor uns herlief, verwandelte die normalerweise belebte Altstadt in eine Geisterstadt. Immerhin konnte ich den Ort sehen, an dem Ali la Ponte und drei seiner Männer den Tod der Kapitulation vorgezogen hatten. In Sidi Ferruch, einem kleinen mediterranen Fischerdorf außerhalb Algiers, war die Paranoia deutlich weniger spürbar. Selbst unsere Leibwächter schienen entspannt, vielleicht auch, weil uns am nächsten Tag ein anderes Team durch das »Todesdreieck« nach Oran begleiten würde.

Tibet – Yamdroktso-See

16. AUGUST

Am Yumucuo, dem »See der Schwäne«, hält ein Mann eine herausgeputzte, zwei Monate alte Tibetgazelle.

Tibet – Hongba

18. MAI

In Tibets kalten Höhen ist Yakdung ein wichtiger Brennstoff.

Indonesien – Manggis

15. AUGUST

FÜR REISENDE, DIE IHR HALBES LEBEN NACH DEM IDEALEN ORT SUCHEN, bedeutet Bali das Paradies. Die Wirklichkeit sieht oft ganz anders aus als Tagträume, doch meiner Erfahrung nach kommt Bali diesem Ideal näher als irgendein anderer Ort auf der Welt. Abgesehen von der natürlichen Schönheit des Landes und seiner faszinierenden Kultur ist es vielleicht die Anmut der Balinesen, die sich auch in den alltäglichsten Dingen ausdrückt, die die Insel so unvergesslich macht. Dahinter steht eine tiefere Geisteshaltung, die eine Entscheidung der königlichen Familie und ihres gesamten Hofstaats im Jahr 1906 versinnbildlicht. Vor die Aussicht gestellt, sich der Herrschaft der Niederländer zu unterwerfen, zog es der balinesische Adel – Männer, Frauen und Kinder – vor, geradewegs in das Gewehrfeuer der Invasoren zu marschieren. Mehr als 4000 Menschen starben in dem sogenannten Puputan (balinesisch für »Ende«). Nach etwa der Hälfte der 1700 Stufen zum Pura-Lempuyang-Tempel (Lampe des Herrn) war ich völlig nass geschwitzt und kurz davor, aufzugeben, aber die gute Stimmung der Prozessionsteilnehmer ließ mich durchhalten.

Tibet – Hongba

19. MAI

DER WINTER RÜCKTE NÄHER, und große Tierherden wurden bereits auf niedriger gelegene Almen getrieben, weil der erste Schnee gefallen war. Auf der Strecke zwischen Xigaze und Saga, am Yarlung Tsangpo entlang, wies unser Fahrer Dorje auf einen Berggipfel. Zuerst konnte ich nichts erkennen, doch nachdem sich meine Augen allmählich angepasst hatten, ließ sich kurz unterhalb der Kammlinie, hoch über dem Fluss, eine Ansammlung kleiner weißer Punkte ausmachen – wie verstreute Reiskörner auf dem gesprenkelten grünen Filz eines alten Billardtisches. Durch das 400-mm-Objektiv war der wirklich einzigartige Anblick der Hirten, die eine große Schafherde über eine steil abfallende Bergflanke brachten, aber deutlich zu erkennen. Weiter flussabwärts stießen wir auf eine Yakherde, die sich in dieselbe Richtung zu einem Sammelplatz bewegte. Später passierten wir eine Landzunge an der Biegung des Flusses, wo Yaks und Schafe für die Nacht zusammengepfercht wurden. Eine Frau sammelte Yakdung als Brennstoff für das Feuer zum Teekochen.

Indonesien – Manggis

14. AUGUST

Eine Balinesin auf dem Weg zum Pura Lempuyang, einem äußerst bedeutenden Tempel der Insel.

China – Luoyang

20. MAI

Ein Pilger bringt Räucherstäbchen als Opfergabe im »Tempel des weißen Pferdes« (Baima Si) dar.

Australien – Uluru

13. AUGUST

DER ULURU IM HERZEN AUSTRALIENS ist der zweitgrößte Monolith der Welt und schlicht faszinierend. Manche glauben, dass er zusammen mit der Cheops-Pyramide in Gizeh und anderen heiligen Stätten ein planetares Gitternetz bildet. Der Uluru hat einen Umfang von acht Kilometern und ist 3,6 Kilometer lang sowie 348 Meter hoch. Er reicht 2,5 Kilometer in die Tiefe, sodass sich zwei Drittel seiner Masse unter der Erde verbergen.

Die hier lebenden Anangu-Aborigines glauben, dass der Monolith hohl wie eine Trommel und ein Quell der Energie ist, die sie »Tjukurpa« (Traumzeit) nennen. In einer Traumzeitgeschichte kam Tatji, die kleine rote Eidechse, von der Mulga-Ebene zum Uluru. Sie warf ihr »Kati«, eine Art Bumerang, das in einem formlosen Stein steckenblieb. Um es wiederzubekommen, schaufelte Tatji eine Reihe von muldenförmigen Vertiefungen aus der Oberfläche des Felsens. Da ihre Versuche erfolglos blieben, starb die Eidechse schließlich in einer Höhle.

China – Luoyang

21. MAI

ETWA EIN DUTZEND KILOMETER NÖRDLICH DER STADT LUOYANG, die 13 Dynastien als Hauptstadt diente, befindet sich der »Tempel des weißen Pferdes« (Baima Si), der erste buddhistische Tempel auf chinesischem Boden. Der Überlieferung nach sandte der Kaiser zu Beginn der Östlichen Han-Dynastie (25–220) zwei Mönche aus, um buddhistische Schriften aus Indien nach China zu bringen. Im damals bedeutenden buddhistischen Zentrum Magadha südlich des Ganges trafen sie zwei indische Mönche, mit denen zusammen sie auf dem Rücken zweier weißer Pferde buddhistische Schriften und Statuen nach Luoyang zurückbrachten. Der zu Ehren der Tiere benannte Tempel wurde im Jahr 67 zur Aufnahme der heiligen Reliquien errichtet, hier wurden die Schriftstücke auch zum ersten Mal aus dem Sanskrit ins Chinesische übertragen. Heute zählt Baima Si zu den bedeutendsten Pilgerstätten der chinesischen Buddhisten. An einer Seite der »Terrasse der kühlen Frische« (Qingliangtai) trafen wir auf dort lebende Mönche und ihre Helfer, die Plakate aufhängten, um die Spenden der Pilger aus der vergangenen Woche bekannt zu geben.

Australien – Uluru

12. AUGUST

Ein Aborigine-Künstler zermahlt ein Stück Sandstein zu Pigment.

Kolumbien – Armenia

22. MAI

Bei Armenia sammelt ein Plantagenarbeiter die geernteten Kaffeefrüchte.

Philippinen – Zamboanga

11. AUGUST

ZAMBOANGA LIEGT AN DER SÜDWESTSPITZE VON MINDANAO, das zusammen mit den umliegenden Inseln die größte muslimische Bevölkerung der Philippinen besitzt. Viele Jahre lang forderten die Muslime Mindanaos eine eigene Stimme in der Regierung. Ihre Forderungen blieben im Wesentlichen unbeachtet, aber da sie nicht bereit waren, sich einfach an den Rand drängen zu lassen, entschlossen sich einige zum bewaffneten Kampf. Das Gebiet um Zamboanga, die nahe gelegene Insel Basilan und der Sulu-Archipel zwischen Mindanao und Borneo wurden zum Schauplatz der scheinbar endlosen Auseinandersetzungen zwischen Separatisten, Piraten und Regierungstruppen. Nun sind auch noch amerikanische und australische Spezialeinheiten hinzugekommen. Zu den Opfern zählen ausländische Touristen ebenso wie örtliche Händler und die Zivilbevölkerung. Während die »Princess of the Pacific« weitere Fracht an Bord nahm, luden wir unsere etwa 40 Kisten Ausrüstung und Gepäck in zahlreiche Jeepneys, der örtlichen Version eines Jeeps. Hilfe erhielten wir von einem Heer von Trägern, die am Kai warteten, darunter auch ein ehemaliger Boxchampion.

Kolumbien – Armenia

23. MAI

ALLES, WAS ICH ÜBER KAFFEEPLANTAGEN WUSSTE, hatte ich während meiner Zeit als Kunststudent in Los Angeles in einem TV-Werbespot der kolumbianischen Kaffeevermarktungsgesellschaft gesehen. Der Spot zeigte einen »typischen« kolumbianischen Bauern, der im goldenen Sonnenuntergang durch seine Plantage spaziert und seine Kaffeepflanzen streichelt. Er endete mit dem Slogan »handverlesen von Juan Valdes ...«, was mich und meine Freunde immer schmunzeln ließ, weil es so klang, als wäre ein einziger Mensch für den gesamten kolumbianischen Kaffee-Export verantwortlich. Als ich dem Vorarbeiter der schönen Kaffeeplantage außerhalb des Bergdorfes Armenia gegenüberstand, kam mir unweigerlich wieder der Name Juan Valdes in den Sinn, was mich grinsen ließ und mein Gegenüber wohl etwas nervös machte. In der Abenddämmerung treffen sich die Kaffeepflücker an der Waage, wo die Tagesarbeit ausgewogen und bezahlt wird. Ich sah zum ersten Mal in meinem Leben unverarbeitete Kaffeekirschen und war überrascht, dass sie so viele unterschiedliche Farben haben können.

Philippinen – Zamboanga

10. AUGUST

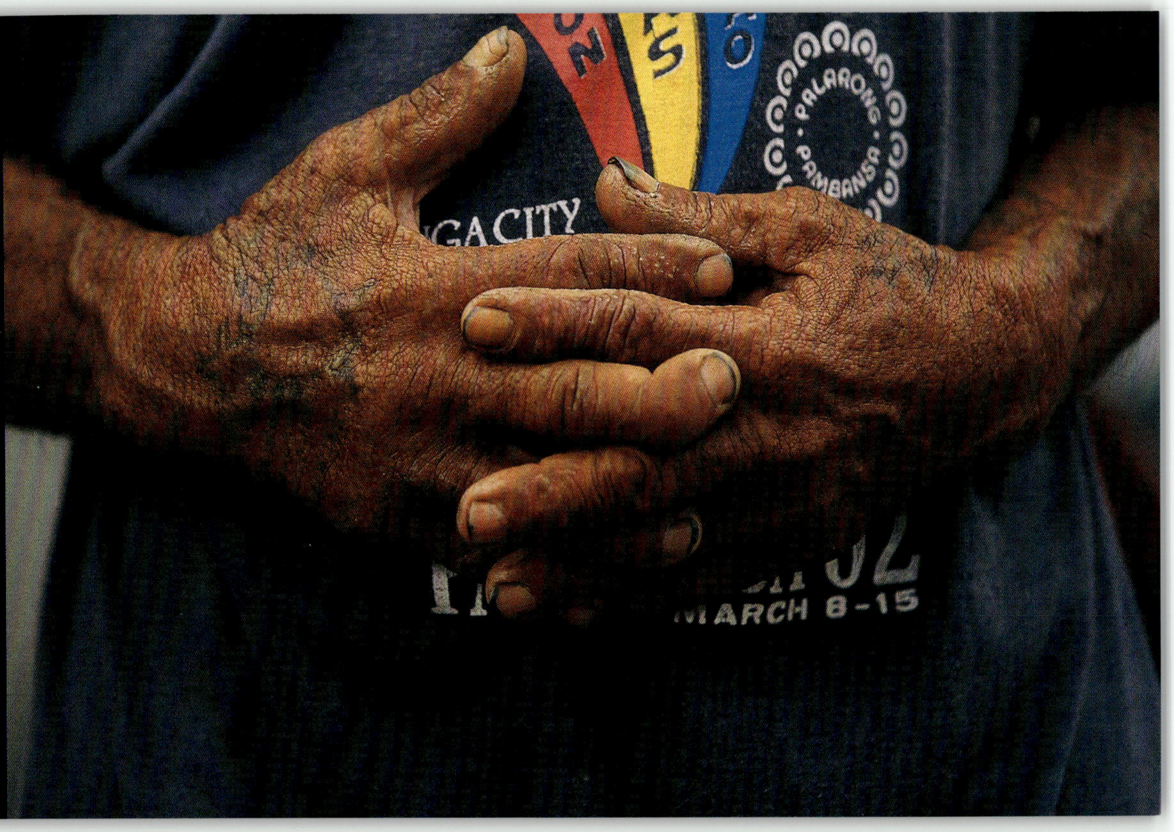

Starke Hände – der ehemalige Boxchampion arbeitet als Träger im Hafen von Zamboanga.

Bhutan – Thimphu

24. MAI

Eine Nonne liest einen religiösen Text, der auf Bambuspapier gedruckt ist.

China – Jingdezhen

9. AUGUST

JINGDEZHEN VERFÜGT ÜBER REICHE VORKOMMEN AN KAOLIN (einem außerordentlich festen Ton), und dichte Baumbestände in der Umgebung liefern Brennholz für die Öfen. Dank dieser günstigen Voraussetzungen stellen die Handwerker in der kleinen Stadt im nordöstlichen Jiangxi seit 1800 Jahren Töpferwaren her. Im Jahr 1004, während der Jingde-Periode der Song-Dynastie, erhielten die Töpfer eine königliche Urkunde und schmücken seither die Unterseite ihres Porzellans mit dem Siegel »Hergestellt im Reich Jingde«. Der Name Jingdezhen wurde so zum Synonym für feinstes chinesisches Porzellan. Ein Spaziergang durch den Ort zeigt, dass fast jeder hier in irgendeiner Weise mit Porzellan zu tun hat. So weit das Auge reicht, sieht man Gefäße und Vasen, Porzellan, das gerade bemalt wird, Porzellan auf dem Weg zum Brennofen, Familienbetriebe in allen Seitenstraßen. In einer dieser Gassen spürten wir Yu Pengfei auf, der die größte Reisschale der Welt hergestellt hat. Er bot uns eine kleine Vorführung des Arbeitsprozesses, da er einen weiteren Auftrag für eine Riesenschale bekommen hatte. Das dafür benötigte Kaolin wurde ihm umgehend geliefert.

Bhutan – Thimphu

25. MAI

DIE XYLOGRAFIE (DRUCKVERFAHREN MIT HOLZMATRIZEN) ist ein fester Bestandteil der Arbeit in der Nationalbibliothek Thimphus. Kunsthandwerker schneiden religiöse Texte und heilige Schriften in Holzblöcke. Diese werden mit Tinte bestrichen, um mit ihnen auf handgeschöpftem Bambuspapier, das in kleinen Werkstätten jenseits des Flusses hergestellt wird, zu drucken. Die so entstandenen Bücher werden nicht gebunden, sondern als lose Seiten zwischen mit Stoff bespannte Holzbretter gelegt und von Bändern zusammengehalten. Die Bibliothek besitzt über 6000 Bände alter tibetischer Handschriften und bhutanischer Bücher, deren Themen von heiligen buddhistischen Texten bis zur traditionellen Pflanzenmedizin reichen. Zu ihren Beständen zählt auch eine Sammlung von über 9000 alten Druckstöcken unterschiedlicher Epochen. Als ich zum ersten Mal den Raum betrat, in dem die Formschneider die neuen Blöcke herstellen, nahm ich irrtümlich an, man pflege hier lediglich das kulturelle Erbe und wolle alte Fertigkeiten bewahren. Doch einige Tage später besuchte ich ein kleines Nonnenkloster und sah, dass die Bücher dort tatsächlich in Gebrauch waren.

China – Jingdezhen

8. AUGUST

Im Atelier von Yu Pengfei in Jingdezhen wird Kaolin zu feinstem Porzellan verarbeitet.

Pakistan – Shandur-Pass

26. MAI

Ein Drachen wird an seiner Schnur befestigt – das Spiel mit dem Wind ist ein beliebter Sport in Pakistan.

Marokko – Fès

7. AUGUST

BEI SONNENAUFGANG werden in Fès Esel und Maultiere, mit großen Stapeln unbearbeiteter und getrockneter Häute beladen, durch das Tor der Medina getrieben. Von hier trotten sie weiter durch das Gewirr gepflasterter Gassen zu den Werkstätten, in denen die Häute für das Färben vorbereitet und in Kalk gewaschen werden. Wir gingen durch einen engen, unauffälligen Eingang in eine dunkle schmale Gasse, in der eine alte knarrende Treppe schließlich zu einem Basar für Lederwaren führte. Der Gestank bereitete mir äußerstes körperliches Unbehagen. Als wir uns endlich durch den Dschungel hängender Ledertaschen in dem klaustrophobisch engen Basar gequält und eine sonnenüberflutete Terrasse erreicht hatten, wurde der Geruch so stark, dass ich fast umfiel. Die dortigen Farbbottiche waren mit einem tödlichen Cocktail aus Farbstoffen, Urin, Taubenkot und etwas ungelöschtem Kalk gefüllt. Die Mischung scheint sich auch zur Haarentfernung zu eignen, da alle Männer, die bei ihrer Arbeit bis zu den Waden darin standen, erstaunlich unbehaarte Beine hatten.

Pakistan – Shandur-Pass

27. MAI

DER SHANDUR-PASS LIEGT NEBEN EINEM GLITZERNDEN SEE inmitten der aufsehenerregenden Bergketten des Hindukusch und des Karakorum. Bis zu 15.000 Menschen aus den Dörfern der gesamten Region kommen jedes Jahr auf dieser saftig grünen Hochebene zusammen. Jeden Tag strömen mehr und mehr Menschen herbei, die in einer Zeltstadt an der Flanke eines Berges Unterkunft finden. Mit zunehmender Besucherzahl steigern sich auch Lautstärke und Tempo der Musik, bis tief in die Nacht wird gesungen und getrommelt. An dem Gebirgsbach, der durch das Zeltlager fließt, entsteht ein quirliger Markt, der von Nüssen über Teppiche bis zu Gettoblastern einfach alles bietet. Metzger, Restaurants und Karaokebars versorgen die Hungrigen und die Rastlosen. Die Menschen finden sich hier für das größte Fest des Jahres ein, das auch mit einem Poloturnier gefeiert wird, einer Sportart, die in diesem Teil der Welt ebenso heimisch ist wie das Steigenlassen von Drachen. Dr. Ejazul Haq aus Islamabad gewann hier den Weltrekord für die meisten Drachen an einer Schnur – mit 150 Drachen.

Marokko – Fès

6. AUGUST

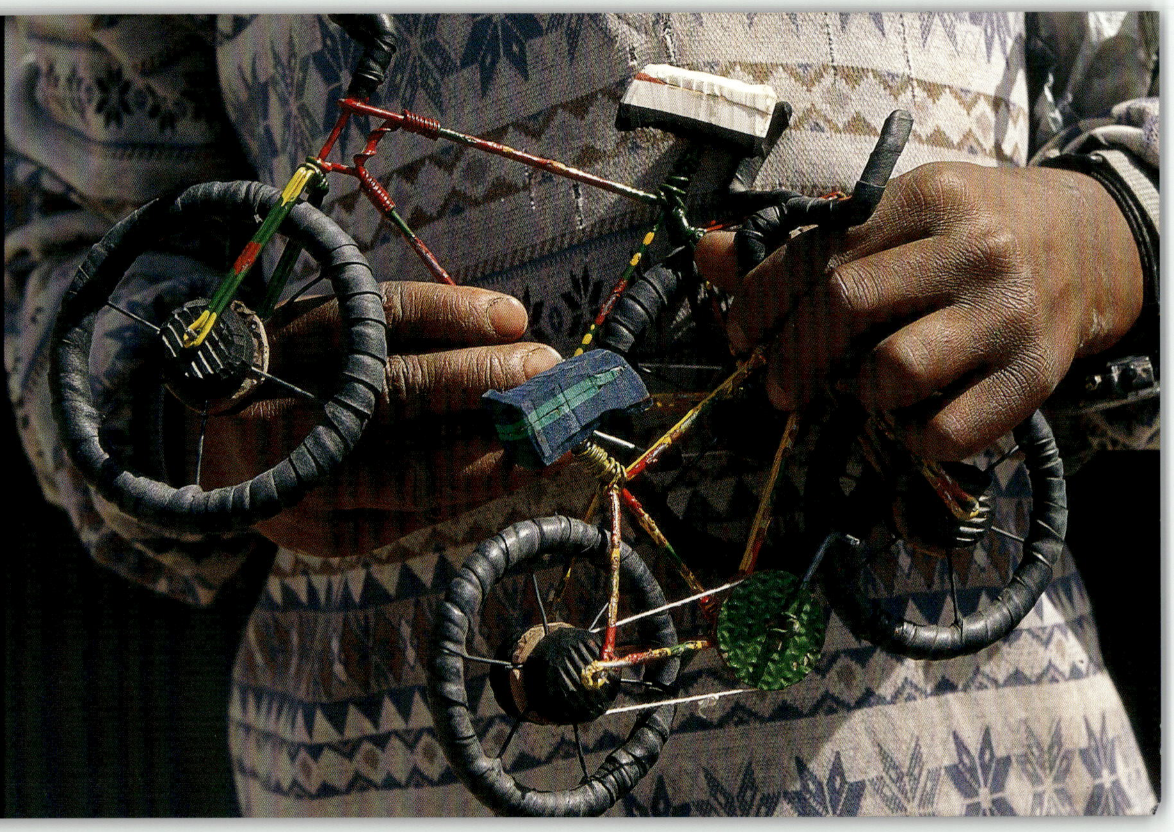

Ein Junge in der Medina verkauft sein mit großer Liebe zum Detail gebasteltes Spielzeug.

Mauretanien – Chinguetti

28. MAI

Ein Koranschüler schaut neugierig auf die Besucher in der Medresa von Chinguetti.

Mauretanien – Atar

5. AUGUST

ETWAS MEHR ALS 36 STUNDEN LANG wird der eigentlich verschlafene, mitten im Nichts gelegene Flughafen von Atar zum Hightechkommunikationszentrum für ein riesiges weltweites TV-Publikum: Dann landen Sportjournalisten aus der ganzen Welt mit russischen Chartermaschinen und berichten über die berühmte Rallye Paris-Dakar. Von der ursprünglich anspruchsvollen, aber schlichten Veranstaltung hat sich die Rallye zu einem Medienspektakel entwickelt. Das Gefühl der Übertechnisierung wird verstärkt durch die tägliche TV-Berichterstattung, die per Satellit aus dem Laderaum eines Flugzeugs übertragen wird, und durch das ständige Dröhnen der Rotoren eines Hubschraubers. Von ihm aus macht man Luftaufnahmen von all den Motorrädern, frisierten Limousinen und PS-starken Lastwagen, die speziell konzipiert wurden, um in diesem riskanten Ausdauerwettkampf durch die unberührten Dünen zu jagen. Die Teilnehmerteams haben ihr Lager in improvisierten Garagen und Werkstätten am Rand des Flughafens. Dort verkaufen auch die örtlichen Bäcker ihre Baguettes an die ehemaligen Kolonialherren, die sich in dieser Zeltstadt niedergelassen haben.

Mauretanien – Chinguetti

29. MAI

WIE IN DEN MEISTEN ABGELEGENEN GEGENDEN der islamischen Welt – von den afghanischen und pakistanischen Bergen bis zu den sudanesischen Dörfern am Ufer des Nils – können die Kinder aus armen Schichten nur mithilfe der örtlichen Moscheen lesen und schreiben lernen. Das einzige Fach, das die Imame lehren, ist der Text des Korans – Chinguetti bildet hier keine Ausnahme. Wir besuchten eine Medresa, eine Koranschule, unterhalb eines Minaretts. Es soll das zweitälteste Minarett in dauerhaftem Gebrauch in der islamischen Welt sein, uns erschien es jedoch eher wie ein gotischer Kirchturm. Wir entdeckten ein Dutzend Kinder, die mit dem Gesicht zur Mauer saßen und in herrlichem reinem Sprechgesang Koranverse zitierten, während der Imam über ihnen dräute, hin und her lief und gelegentlich Fehler verbesserte. Musterschüler der Koranschule werden eines Tages in der Lage sein, den gesamten Korantext vorzutragen. Sie werden dann entweder in einer Moschee eine Anstellung als Hilfslehrer finden oder, abgesehen von den niedersten Arbeiten, schlichtweg nicht vermittelbar sein.

Mauretanien – Atar

4. AUGUST

Ein Bäckerjunge bringt Baguettes für den Tross der Rallye Paris-Dakar.

Vietnam – Saigon

30. MAI

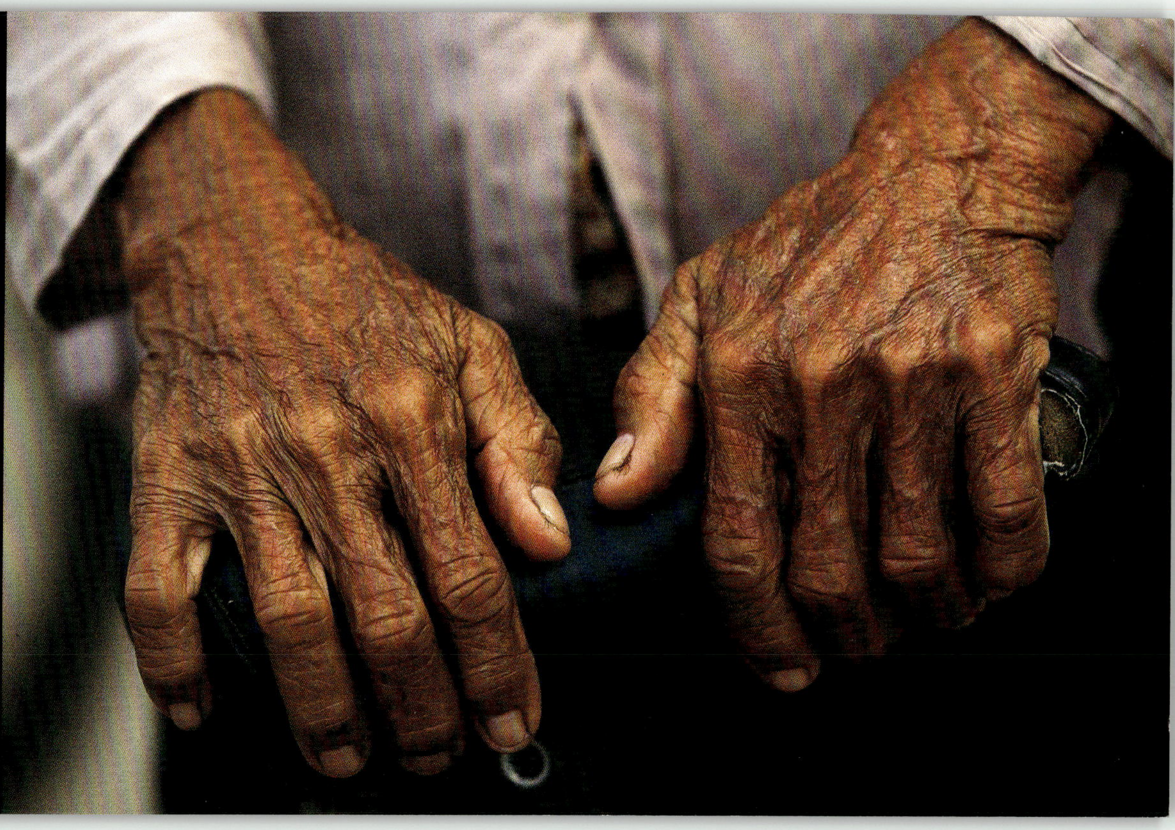

Eine alte Frau hält den zerschlissenen Sattel ihres Fahrrads.

China – Xiajiang

3. AUGUST

IN DIESEN ABGELEGENEN DÖRFERN SIND DIE MARKTTAGE wichtige gesellschaftliche Ereignisse: Sie bieten den Menschen nicht nur die Möglichkeit zu Kauf und Verkauf, sondern auch dazu, zusammenzukommen und sich zu zerstreuen. Vor einem abbruchreifen Gebäude in dem kleinen Ort Xiajiang entdeckten wir diesen Fotografen, der den Marktgängern »Studio«-Porträts anbot. Meine Art des Fotografierens der zwei Dong-Mädchen, die sich auf das erste Porträt ihres Lebens vorbereiteten, das unaufhörliche Knipsen aus verschiedenen Winkeln und Höhen, schien ihn völlig zu irritieren. Die Mädchen probierten verschiedene Requisiten aus, lachten schallend, wenn sie einen Schirm nicht öffnen konnten, und betrachteten sich immer wieder in dem Spiegel an der Wand ... Als sie endlich fertig waren, stellte er sie vor dem Hintergrund auf, wartete, bis sie aufhörten herumzuzappeln, wartete weiter, bis sie schließlich wie Puppen erstarrten, und machte dann ein einziges Bild. Anschließend ging er zurück zu seinem Stuhl und stellte den Mädchen eine Rechnung aus – ein echter Profi eben.

Vietnam – Saigon

31. MAI

MEIN ERSTER BESUCH IN VIETNAM fand 1995 statt, als das Land zögernd aus seinem posttraumatischen Koma erwachte. Wir reisten aus China ein, über den »Pass der Freundschaft«. Der Wiedervereinigungsexpress brachte uns entlang der Küste von Hanoi nach Hue, der ehemaligen kaiserlichen Hauptstadt, und weiter nach Danang, dem früheren US-Militärstützpunkt. Schließlich fuhren wir nach Saigon, dem Zentrum des »Kapitalismus mit sozialistischen Zügen«. Hanoi mag siegreich aus dem Krieg hervorgegangen sein, doch den Wettkampf um Investitionen hat Saigon (das 1975 offiziell in Ho-Chi-Minh-Stadt umbenannt wurde) gewonnen. Im Geschäftsviertel im 1. Quan (Bezirk) wurden französische Kolonialbauten renoviert und zu Hotels und Nobelrestaurants umgebaut, während neue Hochhäuser schneller in die Höhe schossen, als die Kräne die Bauteile heben konnten. Bei meinem nächsten Besuch einige Jahre später war am Saigonfluss eine blitzende neue Skyline entstanden. Doch die Szenerie oben, die ich 1995 auf einer Brücke nur wenig außerhalb des 1. Quan festhielt, ist im Wesentlichen unverändert geblieben.

China – Xiajiang

2. AUGUST

Perfekt gestylt lässt sich dieses Mädchen in dem Städtchen Xiajiang fotografieren.

China – Chengdu

1. JUNI

Ein Bauer schält Walnüsse, um sie in Chengdus Zentrum zu verkaufen.

Tibet – Samye

1. AUGUST

SAMYE WURDE IM JAHR 779 N. U. Z. FERTIGGESTELLT. Die Weihe der ersten Mönche und die Einführung der Klosterrituale markieren den offiziellen Beginn des Buddhismus in Tibet und das Ende des Einflusses der ursprünglichen Bön-Religion am Hof. Über die Ursprünge des Klosters kursieren zahlreiche Legenden, gesichert ist jedoch, dass König Khri-Srong für den Bau des Klosters den Rat des indischen Mahayana-Gelehrten Santiraksita sowie des tantrischen Mystikers Padmasambhava aus Swat (Pakistan) einholte. In einer Legende heißt es, Padmasambhava habe nach seiner Wahl des Ortes dem König den Entwurf des Klosters durch Zauberei mitgeteilt – Samye bedeutet »unvorstellbar«. Eine weitere Legende besagt, Santiraksita habe den Ort ausgewählt und das Kloster entworfen, Dämonen hätten den Bau jedoch immer wieder gestört. Padmasambhava griff ein, und als Meister der magischen Riten besiegte er die zahlreichen Dämonen in Hepo Ri und vollendete das Kloster. Santiraksita wurde zum ersten Abt von Samye ernannt.

China – Chengdu

2. JUNI

CHENGDU IST DIE HAUPTSTADT VON SICHUAN und seit dem 4. Jahrhundert v. u. Z. das kulturelle und wirtschaftliche Zentrum der bevölkerungsreichsten Provinz Chinas. Unter anderem wurde hier im Jahr 960, zur Zeit der Nördlichen Song-Dynastie, das Papiergeld erfunden. Und Geld fließt auch jetzt in die 11-Millionen-Metropole, was sicherlich zu keinem geringen Teil Sichuans Rolle als größtem Erzeuger von »Mehrwert« zu verdanken ist. Die ganze Komplexität und Paradoxie von Chinas neuem Wirtschaftssystem zeigt sich hier an einer einzigen Ecke der gigantischen, einen Quadratkilometer großen Baugrube, aus der eines Tages der zentrale U-Bahnhof von Chengdu werden soll. Eines der größten noch erhaltenen Mao-Denkmäler beherrscht von seinem Sockel aus den Platz vor dem sowjetisch geprägten Messezentrum. Dieser seelenlose Klotz ersetzte den während der Kulturrevolution gesprengten Palast des Vizekönigs aus dem 14. Jahrhundert. Auf der gegenüberliegenden Straßenseite hat Dior soeben eine Boutique eröffnet. Und in Sichtweite von Mao und Mammon versucht ein Bauer im Schatten der Alleebäume, seine Walnüsse zu verkaufen.

Tibet – Samye

31. JULI

Ein Mönch des Klosters Samye bereitet einen Tsampa-Kuchen als Opfergabe dar.

Indien – Majuli

3. JUNI

Ein Tänzer bereitet sich auf die Aufführung zu Ehren des Gottes Shiva vor.

Peru – Cuzco

30. JULI

DAS REICH DER INKA bestand nur etwas mehr als ein Jahrhundert (1430-1532), bevor es von weniger als 200 spanischen Söldnern unter dem Befehl Francisco Pizarros zerstört wurde. Trotz ihrer kurzen und häufig gewalttätigen Geschichte hinterließen die Inka ein so hoch entwickeltes kulturelles Erbe, dass es bis heute Ehrfurcht und Bewunderung einflößt. Einige der schönsten Beispiele ihrer Architektur finden sich in Cuzco, »dem Rom des Inka-Reiches«, wie es ein Schriftsteller nannte. Um die Herrschaft über die besiegten Inka zu festigen, wandten die Spanier tatsächlich ein Verfahren der Römer zur Unterwerfung besiegter Völker an: Auf den Grundmauern der heiligen Stätten errichteten sie ihre Kirchen und Paläste. So prägten sie dem Land unmissverständlich ihren eigenen kulturellen Stempel auf und manifestierten ihre Überlegenheit, indem sie das Althergebrachte zutiefst erniedrigten. Die Türme, Kuppeln und Steinfassaden der entstandenen Bauwerke zählen zu den großartigsten und kunstvollsten außerhalb Spaniens. Am beeindruckendsten bleiben jedoch die schlichten, eleganten Grundmauern.

Indien – Majuli

4. JUNI

DIE INSEL MAJULI SCHEINT INMITTEN EINES SEES ZU LIEGEN. Tatsächlich handelt es sich hier aber um den Brahmaputra, der sich vom Fluss zu einem weiten Mündungsdelta am Golf von Bengalen öffnet. Im Uttar Kamalabari Satra (Kloster) haben Hindumönche ihr Leben der Anbetung des Gottes Shiva durch die darstellende Kunst verschrieben. Diese Hingabe beginnt im Alter von sechs oder sieben Jahren mit einer strengen Ausbildung in den Bereichen klassischer Tanz, Theater und Musik. Die Belohnung für ihre Mühen erhalten die Tänzer erst zwölf oder 13 Jahre später, wenn die besten unter ihnen die Gelegenheit bekommen, mit der berühmten Truppe des Satra bei Festivals und anderen kulturellen Festlichkeiten in aller Welt aufzutreten. Nach einer Aufführung des klassischen Rass Lila, bei dem gut aussehende Mönche sich als hübsche Milchmädchen verkleiden, die sich in Krishna verlieben, traf man sich zu einem Fototermin im Garten. Bei ihren Posen musste ich unwillkürlich an das Lied »Girls just wanna have fun« denken.

Peru – Cuzco

29. JULI

Ein blinder Musiker macht Pause auf der Plaza de Armas in Cuzco.

Myanmar – Bagan

5. JUNI

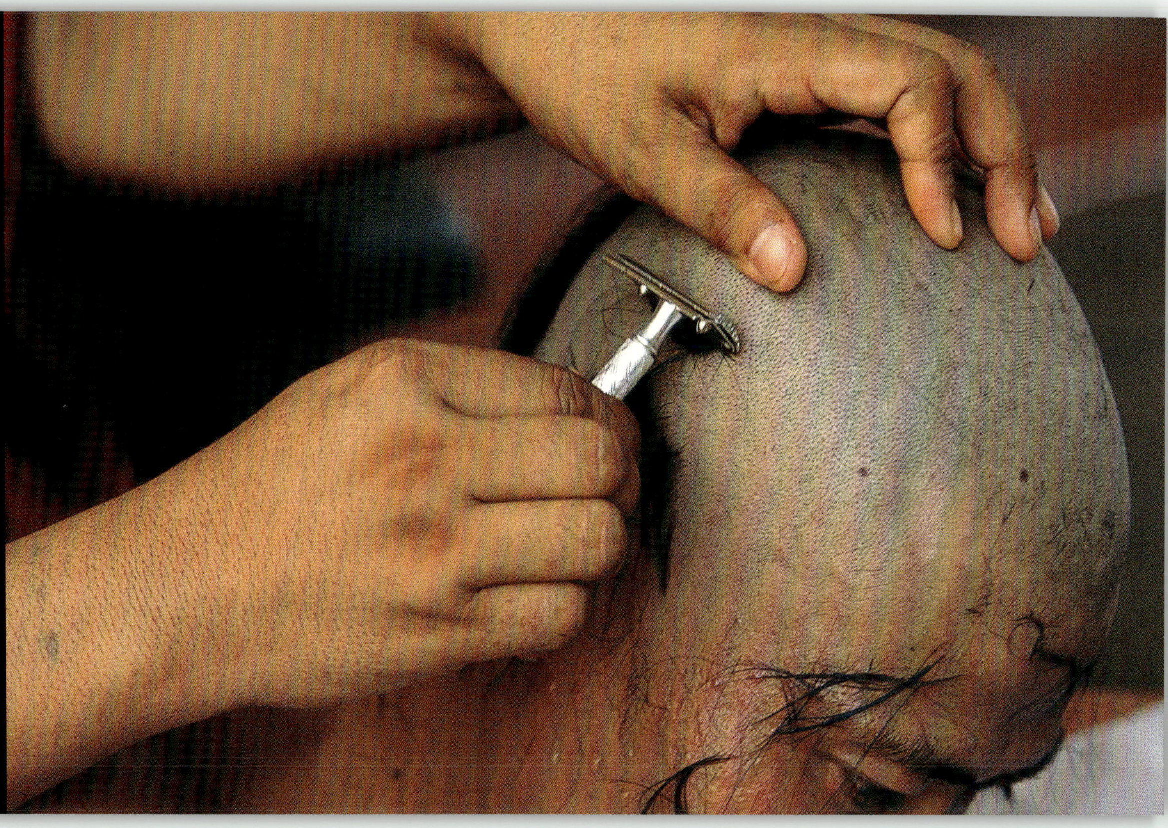

Vor seiner Aufnahme im Kloster wird einem Mann der Kopf rasiert.

Bhutan – Thimphu

28. JULI

THIMPHU IST SEIT 1952 BHUTANS HAUPTSTADT. Der Thron und die Amtszimmer des Königs, die Nationalversammlung und die Regierungssekretariate befinden sich in der majestätischen Trashi Chhoe Dzong, die außerdem dem Dratshang, der zentralen Klostergemeinschaft der Landes, als Sommerresidenz dient. Thimphu, zu dessen knapp 70.000 Einwohnern auch die königliche Familie gehört, bildet das politische, soziale und wirtschaftliche Zentrum des Landes. Als einzige halbwegs kosmopolitische Stadt Bhutans ist dies auch der Ort, an dem das 21. Jahrhundert allmählich ins Land dringt. Man findet die Zeichen der Veränderung allerorten: Sie reichen von Geländewagen auf der Norzim Lam im Zentrum des Geschäftsviertels, auf der früher Maulesel umherstreunten, bis zu Satellitenschüsseln, die Dutzende indischer Unterhaltungssender aus dem Himmel empfangen, in dem ehemals die Heiligen flogen. Man muss jedoch nicht weit entfernt von diesen Zeugnissen des modernen Lebens suchen, um auf das einzigartige kulturelle Erbe Bhutans zu stoßen. So genießen Pilger aus entfernten Dörfern wie vor Jahrhunderten das kostenlose Frühstück, das ihnen am Tempel angeboten wird.

Myanmar – Bagan

6. JUNI

IM JAHR 1044 N. U. Z. BRACHTE DER MON-KÖNIG MANUBA den birmanischen König Anawratha dazu, von seinem ursprünglichen Hinduglauben zum Buddhismus zu konvertieren. Er schenkte jedoch Anawrathas Ersuchen um heilige Schriftstücke und bedeutende Reliquien kein Gehör. Daraufhin eroberte Anawratha – wie es sich für einen guten Buddhisten gehört – mit seinen Truppen das Königreich der Mon.

Als Kriegsbeute führte er 32 Sammlungen der Tripitaka und 30.000 Kriegsgefangene nach Bagan zurück, darunter zahlreiche Architekten und Handwerker. Damit setzte eine fromme Bauwut ein, die zweieinhalb Jahrhunderte andauern sollte und den Bau von über 4500 buddhistischen Monumenten zur Folge hatte, von denen man auch heute noch 2217 bewundern kann. Man sollte mindestens einmal in seinem Leben auf einer dieser riesigen Ruinen gestanden haben, um das bernsteinfarbene Leuchten der Sonne allmählich in Dunkelheit übergehen zu sehen.

Bhutan – Thimphu

27. JULI

Eine Pilgerin hat den Weg von ihrem Dorf zum Tempel in der Hauptstadt Timphu geschafft.

Peru – Caballococha

7. JUNI

Sanfter Trost – ein Mann streichelt ein gefangenes Ozelotjunges.

Niger – Wüste Ténéré

26. JULI

WIR WAREN SOEBEN IN DER PENSION TELLIT IN AGADEZ ANGEKOMMEN, als wir die Nachricht hörten, dass zwei Flugzeuge in das World Trade Center in New York geflogen waren und die Twin Towers zerstört hatten. Wir konnten es kaum glauben und scharten uns um ein Radio, als BBC World Service die Nachricht bestätigte. Am nächsten Tag schlossen wir uns einer Kamelkarawane auf der Bilma-Strecke an, die auf dem Weg ins Aïr-Gebirge an der algerischen Grenze ins Herz der Wüste Ténéré zog. Die Ténéré gilt als »absolute« Wüste. In ihr gedeiht nichts außer einem vereinzelten Baum oder einigen Büscheln Gras, hier lebt bis auf einige Schlangen und Skorpione auch nichts. Somit überraschte es uns sehr, dass der Koch eines Morgens unweit unseres Lagers ein Gazellenjunges fand, das kaum einen Tag alt schien. Seine Mutter hatte es aus Angst vor der Karawane zurückgelassen. Die Stille und der schier unendliche Raum wirkten sehr intensiv und gleichzeitig beruhigend. Die leere Wüste vermittelte uns das Gefühl, dies sei der sicherste Ort auf diesem Planeten in einer aus den Fugen geratenen Welt.

Peru – Caballococha

8. JUNI

NACH EINWÖCHIGER WARTEZEIT GINGEN WIR IN IQUITOS AN BORD DES FLUSSBOOTES El Arca. Ich verbrachte die feuchtwarmen Tage hauptsächlich an der Bar mit Blick auf den Amazonas, trank Unmengen Bier und sah riesigen Iguanas beim Mittagsschlaf in den Bäumen zu. Das Boot sollte uns flussabwärts nach Leticia an der kolumbianischen Grenze zu Brasilien und Peru bringen. Bei der bloßen Erwähnung dieser Stadt wurden uns überall Warnungen zugeraunt. Unsere Köpfe schwirrten von Geschichten über geheime Koksfabriken, skrupellose Kokainhändler und Guerillas. Über Nacht legten wir in der Nähe des Dorfes Caballococha an und nahmen am nächsten Morgen ein kleines Boot, um tiefer in den Regenwald vorzudringen. Wegen der Abholzung des Regenwaldes ging der jährliche Niederschlag im Amazonasbecken bereits von 8900 Millilitern in den 1920er-Jahren auf gegenwärtig 3800 Milliliter zurück. Und es gibt weitere Opfer: Etwas weiter flussabwärts boten uns Kinder für 200 US-Dollar ein Ozelotjunges an. Alle Mitglieder der Crew wollten die schöne Wildkatze einmal halten, konnten sie aber vor ihrem Schicksal nicht retten.

Niger – Wüste Ténéré

25. JULI

Das Gazellenjunge wurde mitten in der Ödnis der Wüste Ténéré gefunden.

China – Kunming

9. JUNI

In Yunnans Nationalitätendorf kann man die Trachten der ethnischen Minderheiten bewundern.

Laos – Luang Prabang

24. JULI

DER NAME LUANG PRABANG stammt von einer 83 Zentimeter hohen Buddhastatue mit dem Namen Pha Bang, die aus mehr als 50 Kilo reinen Goldes bestehen soll. Sie wurde angeblich Fa Ngum, dem Begründer und ersten Herrscher von Lan Xang (Reich der Millionen Elefanten), von seinem Schwiegervater, dem Herrscher des Khmer-Reiches, König Jayavaman VII., gesandt. Der Buddha wurde von Mönchen begleitet, die Pali-Schriften mit sich führten. König Fa Ngum erklärte den Theravada-Buddhismus zur Staatsreligion seines Königreiches und benannte die Hauptstadt zu Ehren seines Geschenkes in Luang (Königlicher) Pha Bang um. Der Buddha wurde für Fa Ngums Nachfolger zum Symbol, das ihre herrschaftliche Macht legitimierte. Nach Jahrhunderten, in denen Laos Vasall mächtiger Nachbarstaaten, französische Kolonie, japanisches Besatzungsgebiet und das Schlachtfeld gegensätzlicher Ideologien im Vietnamkrieg war, findet man den Pha Bang im Museum des Königspalastes. Der Buddhismus gedeiht im Land jedoch in aller Stille weiter.

China – Kunming

10. JUNI

IN DER WESTLICHEN WELT ist Kunming, die Hauptstadt der Provinz Yunnan, am ehesten als Endpunkt der Burma Road bekannt. Hier landeten im Zweiten Weltkrieg die Transportflugzeuge, die die chinesische Armee über den »Hump« des Himalaya hinweg mit Vorräten versorgten. Die amerikanische Freiwilligenstaffel Flying Tigers hatte hier ihren Stützpunkt. Für die Chinesen ist Kunming aufgrund der ganzjährig milden Temperaturen die »Stadt des ewigen Frühlings«. Mir selbst wird es immer wegen seiner »Über-die-Brücke«-Reisnudeln in Erinnerung bleiben, zweifelsohne eines der köstlichsten Nudelgerichte auf diesem Planeten. Außerdem kann man hier das recht bizarre Nationalitätendorf besichtigen, in dem alle 25 Minderheiten Yunnans von einem Golfcart aus bewundert werden können. Die Kopfgeburt der örtlichen Tourismusbehörde am Dian-See besteht aus Nachbauten von Dörfern der Dai und Bai, Miao und Yao, sogar der Tibeter. In traditionelle Trachten gekleidete junge Männer und Frauen führen etwas gelangweilt Volkstänze auf und singen im Karaoke-Stil Volkslieder. Trachten – hier im Mosuo-Dorf – kann man sich im Kostümverleih ausleihen.

Laos – Luang Prabang

23. JULI

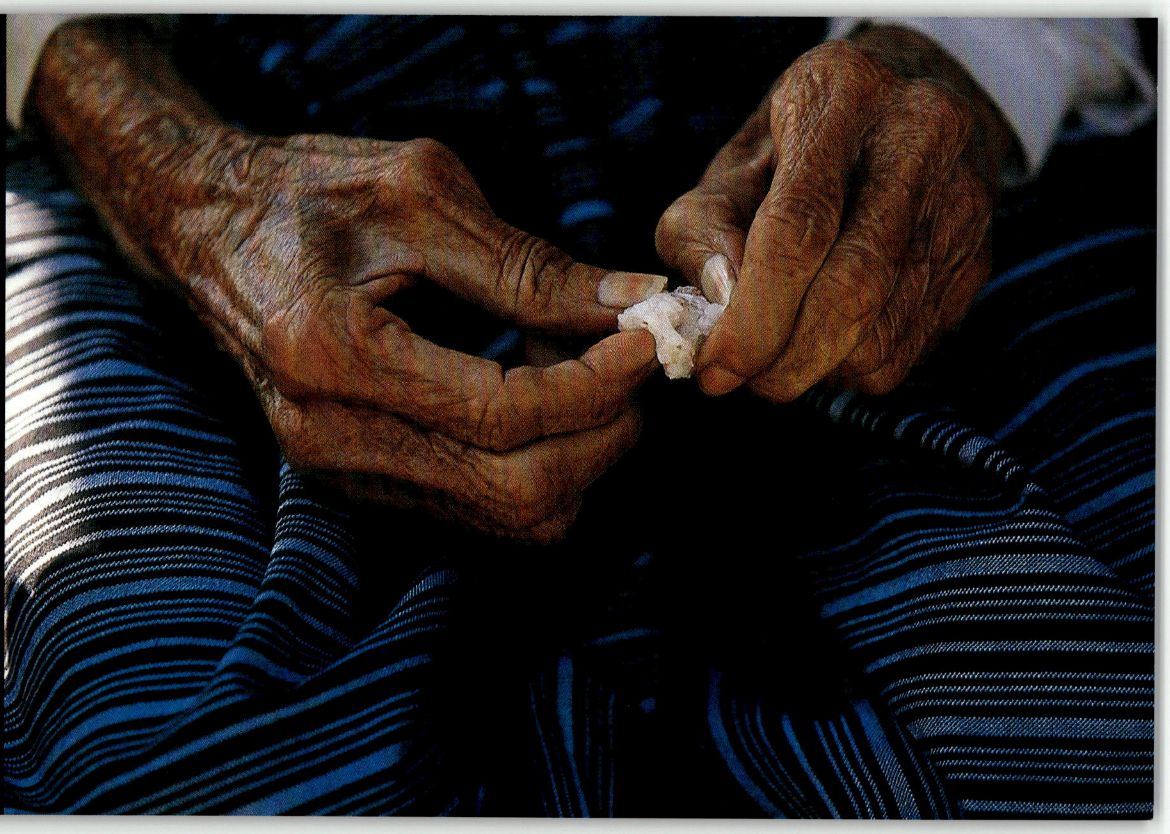

Eine alte Frau genießt Klebreis und Curry vom Mittagstisch im Wat Xieng Thong (Kloster der Goldenen Stadt).

Indonesien – Moyo

11. JUNI

Ein Ranger des National-parks auf der Insel Moyo zeigt sich einsatzbereit.

Indien – Jaisalmer

22. JULI

DER BEGRIFF LUFTSPIEGELUNG muss ein Synonym für den Namen Jaisalmer sein, der Festungsstadt am westlichsten Rand Rajasthans. Als ich mich der Stadt einmal bei Sonnenuntergang näherte, war »Fata Morgana« das einzige Wort, das das halluzinatorische Traumbild beschreiben kann, das sich dort in der Ödnis der Thar-Wüste vor mir erhob. Es tauchte aus dem Nichts auf und zog mich an wie ein magnetisches Sandschloss, das sich über Nacht aus dem Wüstenboden erhoben hatte. Jaisalmer schien von hinten angestrahlt zu werden, nach jeder Kurve in der Straße ließ das Scheinwerferlicht erneut die gelben Sandsteinmauern der Zitadelle wie poliertes Gold gegen den rosavioletten Himmel aufleuchten. Vom 12. bis zum 18. Jahrhundert war Jaisalmer ein Handelszentrum, das durch Zölle und Steuern, die den durchziehenden Karawanen aus der arabischen Welt und aus Persien abverlangt wurden, zu Reichtum gelangte. Die Stadt galt zudem als berühmter Treffpunkt der Schmuggler im lukrativen Opiumhandel mit Zentralasien. Auf unserem Weg zum Gadsisar-See südlich der Stadt kamen wir erst an einem Baumwollfeld und später an einer Dorfhochzeit vorbei.

Indonesien – Moyo

12. JUNI

MOYO IST EINE KLEINE INSEL östlich von Bali und Lombok. Sie liegt am Eingang der 80 Kilometer langen Saleh-Bucht an der Nordküste von Sumbawa. Der Großteil der Insel ist Naturschutzgebiet, wenngleich etwa 2000 Menschen in acht Fischerdörfern an der Küste leben. Moyo befindet sich am östlichen Rand der Wallace-Linie. Diese wurde nach dem englischen Naturforscher Sir Alfred Wallace benannt, der hier in den 1860er-Jahren seine Studien betrieb. Er stellte als Erster fest, dass sich die Tierarten auf Bali und Lombok grundsätzlich unterscheiden, obwohl die Inseln nur durch die 24 Kilometer breite, 300 Meter tiefe Lombok-Straße getrennt sind. Wallace erkannte, dass diese Meerenge zusammen mit der Straße von Makassar zwischen Kalimantan und Sulawesi eine evolutionäre Trennlinie zwischen den Lebensformen bildet. Im Westen passten sich Flora und Fauna an das üppig tropische Asien an, im Osten an das eher aride Klima Australasiens. Auch wenn Moyo sich eigentlich auf der falschen Seite der Linie befindet, gibt es hier mehr Affen, als man sich vorstellen kann, und rauschen unberührte Wasserfälle im Dschungel über Kalkfelsen.

Indien – Jaisalmer

21. JULI

Die Baumwolle auf dem Feld bei Jaisalmer ist reif zum Pflücken.

Bhutan – Bumthang

13. JUNI

Mit geübtem Griff ordnet eine Frau im Chumey-Tal die Fäden an ihrem Webstuhl.

Pakistan – Peschawar

20. JULI

Im Qissa-Khwani-Basar, der auf der ehemals als »Straße der Geschichtenerzähler« bekannten Straße zum alten Stadttor liegt, verknüpfen Verkaufsstände mit Parfüm und Blütenölen die Stadt mit ihrer duftenden Vergangenheit. Die Stände erinnern auch daran, dass man sich zwar bemühen kann, Frauen mit Burkas so zu verhüllen, dass sie wandelnden Zelten gleichen, dass das aber niemals ihren instinktiven Wunsch, wunderbar zu duften, auslöschen kann. Der Basar scheint eine uniforme Masse aus Menschen und Waren, doch das Individuum tritt immer wieder hervor. Als ich das nachdenkliche Mädchen im vorbeifahrenden Bus sah, fragte ich mich, was wohl aus ihm werden würde.

PESCHAWAR IST DAS ÖSTLICHE TOR ZUM KHYBER-PASS, durch das im 1. Jahrhundert n. u. Z. das Heer der Kushanas zur Eroberung Gandharas marschierte. Berühmtheit erlangte Peschawar im 2. Jahrhundert, als der König von Kushana es zu seiner Winterresidenz machte. Im 16. Jahrhundert kamen die Moguln und verliehen der Stadt wegen der Gärten und Bäume, die sie pflanzten, die Namen »Lotosland« und »Stadt der Blumen«.

Bhutan – Bumthang

14. JUNI

IN CHUMEY, DEM ERSTEN TAL DER REGION BUMTHANG, stießen wir an der Straße auf ein Haus mit besonders großen und schönen Phallusgemälden. Natürlich musste ich anhalten und einige Bilder machen. Ein glücklicher Zufall wollte es, dass der Künstler just in diesem Moment erschien und ich ein Porträt von ihm und seinem Meisterwerk machen konnte. Der Brauch der Phallusmalerei soll auf die Legende des »Göttlichen Verrückten« zurückzuführen sein: Dieser, der geliebte tibetische Mystiker Drukpa Kunley, habe angeblich im 13. Jahrhundert die Dämonen in ganz Bhutan mit seinem körperlangen Penis erschlagen. Seine Anhänger bemalen auch heute noch ihre Häuser auf allen Seiten mit riesigen Phallussymbolen und hängen, zum Schutz vor Dämonen, Holzphalli an den Ecken des Daches auf. Sie besuchen auch seinen Tempel (Chimi Lhakhang) im Punakha-Tal und verehren das Bildnis des großen Mannes, das ihn mit seinem berühmten und beeindruckenden Organ zeigt. Das Chumey-Tal ist zudem für seine hochwertigen Webarbeiten bekannt, die Yatras (ein Köperstoff aus Wolle) aus Zugney sind besonders begehrt.

Pakistan – Peschawar

19. JULI

Vorsichtig umgießen – Parfüms und duftende Öle sind beliebte Waren auf Peschawars Basar Qissa Khwani.

Indien – Tipong

15. JUNI

Konzentrierte Kontrolle – ein Vorarbeiter passt auf den Verkehr der Loren am Kohlebergwerk Tipong auf.

Bangladesch – Dhaka

18. JULI

DER BRAHMAPUTRA BEGINNT SEINE LANGE REISE 5000 Meter über dem Meeresspiegel an einem Gletscher des Kailash. Der Fluss sammelt sich im Manasarovar, dem heiligen »See des Bewusstseins und der Erleuchtung«, bevor er auf einer durchschnittlichen Hohe von 3700 Metern über die gesamte Länge der Himalayakette nach Osten fließt, um dann nach Süden abzuschwenken und sich seinen Weg durch Assam und Bangladesch zu suchen. Nach 2900 Kilometern bildet der Fluss ein gewaltiges Delta, das in den Golf von Bengalen mündet. Wissenschaftler, die die Auswirkung der Erderwärmung untersuchen, sorgen sich besonders um Städte wie Dhaka, die Hauptstadt Bangladeschs, die in der Nähe des Deltas liegt. Sowohl das Ansteigen des Meeresspiegels durch das Schmelzen der Pole als auch das Flusshochwasser durch das Abschmelzen der Gletscher lassen die Wahrscheinlichkeit von Überschwemmungen in Dhaka ansteigen. Doch bis jetzt geht das Leben in dieser Hauptstadt mit 15 Millionen der ärmsten Menschen der Welt in seinem verrückten Überschwang einfach weiter – sie arbeiten und spielen, essen und trinken, und heiraten wie alle anderen auch.

Indien – Tipong

16. JUNI

DIE TIPONG-KOHLENMINE liegt eine Autostunde von den Ölfeldern von Digboi entfernt im Dschungel von Assam und wirkt, als wäre sie original aus dem 19. Jahrhundert. Dichter Morgennebel hing über den Minen, die sich zu beiden Seiten des Flusses hinziehen, der sichtbar mit Kohlenstaub verschmutzt war. Die Nebelschwaden vermischten sich sanft mit den dicken Dampfwolken aus David und Goliath, den beiden kleinen, 1864 in Lancashire gebauten Dampfmaschinen, die die Kohleloren von den Minen zu den Ladedocks auf der anderen Seite der roten Backsteinbrücke zogen. Am Eingang zum Tunnel sah ich eine große Gruppe Bergleute um einen Hinduschrein versammelt. Es handelte sich sicher um die erste Schicht, da es erst sieben Uhr morgens war. Ich rannte über die Gleise und rutschte fast aus, da der Sprühregen den schwarzen Boden aufgeweicht hatte. Die Gruppe nahm mich sehr freundlich auf, und so entstand im grauen Morgenlicht eine einzigartige Fotografie.

Bangladesch – Dhaka

17. JULI

*Eine Braut mit henna-
bemalten Händen feiert
Hochzeit in Dhaka.*

Australien –
Arnhem Plateau

17. JUNI

Frisch geschlüpft und zeigt schon die Zähne – ein Krokodilbaby auf Bluey Pugh's Krokodilfarm.

Indonesien - Manggis

16. JULI

DIE RELIGION IST EINER DER GRUNDPFEILER der balinesischen Gesellschaft. Die einzigartige Mischung aus Ahnenverehrung und hinduistischem Glauben hat eine Kultur hervorgebracht, die auf Harmonie basiert. Die Balinesen glauben, dass die Verehrung der Götter schön und angenehm sein sollte. Auch der Tod selbst sollte gefeiert werden. Dieser Glaube äußert sich in jedem Aspekt des Lebens, von den allgegenwärtigen Schreinen, die wie »Bambustriebe nach dem Regen« aus dem Boden sprießen, bis zur berauschenden Schönheit balinesischer Kunst. Der Tourismus, der diese Tugenden vermarktet, hat natürlich für eine gewisse Verzerrung gesorgt, ebenso wie die Terroranschläge, die unmissverständlich gegen die Besucher der Insel gerichtet waren. Man kann nur beten, dass das Gleichgewicht der kosmischen Kräfte bald wiederhergestellt sein wird. Die Balinesen glauben, dass die Geister allgegenwärtig sind. Deshalb bringen sie ihnen täglich Opfergaben dar, um die bösen friedlich zu stimmen und die guten zu ehren, etwa eine schöne Schale mit dekorativen Reiskeksen und Obst oder auch nur eine schlichte Jasminblüte.

Australien –
Arnhem Plateau

18. JUNI

»BLUEY PUGH'S CROC STATION« (Bluey Pugh's Krokodilfarm) im Northern Territory besteht aus einer Ansammlung von Zweckbauten, die sich um eine kleine Landebahn scharen. Die Station ist nur ein winziger Fleck in der unendlichen Weite des tropischen Sumpflandes, das sich auf dem Plateau des Arnhemlandes um die Mündung des Victoria River erstreckt. Der fliegende Arzt, der uns hierherbrachte, hatte zuerst sogar Schwierigkeiten, die Farm überhaupt zu finden. Der Draufgänger Bluey hat schon so ziemlich alles ausprobiert, was man mit Krokodilen anstellen kann: angefangen von Ringkämpfen mit ihnen bis zur Verarbeitung seiner »Ex-Crocs« zu einem köstlichen Grünen Thaicurry. Auf der Farm beginnt die Arbeit mit dem Aufspüren der Eier in den flussnahen Sümpfen, in denen die Überlebensrate unter natürlichen Bedingungen bei etwa einem Prozent liegt. In der geschützten, klimatisierten Brutstation schlüpfen hingegen aus über 70 Prozent der Eier kleine Krokodile. Die etwa 2000 Tiere auf der Farm beenden ihr Leben schließlich als Handtasche. Mit seinem hochwertigen Krokodilleder beliefert Bluey namhafte französische Hersteller wie zum Beispiel Hermès.

Indonesien – Manggis

15. JULI

Schönheit ist ein bedeutender Aspekt in der balinesischen Kultur – eine zarte Jasminblüte ist eine perfekte Opfergabe für die Geister.

Philippinen – Zamboanga

19. JUNI

Ein Bauernjunge verkauft Knoblauch am Fischmarkt in Zamboanga.

USA – Chicago

14. JULI

CHICAGO ELEVATED, DIE BERÜHMTE HOCHBAHN DER STADT, führt auf drei Stockwerke hohen Gleisen durch die Stadt. Sie schlängelt sich zwischen den prächtigen Wolkenkratzern aus der Zeit der vorletzten Jahrhundertwende und vermittelt mitten im Zentrum Chicagos den Eindruck, man befände sich in einem Retro-Science-Fiction-Film. Die berühmte Verfolgungsjagd unter der Hochbahn in »French Connection« ließ die Stahlkonstruktion zu einem Wahrzeichen Chicagos werden. Bei unserem Besuch feierte man den Columbus Day, und die vielen italienischstämmigen Einwohner Chicagos waren lebhaft dabei – entweder liefen sie in der alljährlichen Parade mit oder säumten jubelnd die Straßen, bevor sie sich zu großen Familienfeiern zurückzogen. Schulbusse, die die verschiedenen Highschool-Musikbands zurück in ihre Vorstädte brachten, warteten im Schatten der Hochbahn. Die schöne Architektur zeigt, dass Chicago seit langer Zeit eine Stadt des Geldes ist. Sie ist selbstbewusst und kühn, doch ohne Arroganz und Aufdringlichkeit. Die Fingernägel der PR-Dame der Abteilung für öffentlichen Verkehr bringen das hervorragend zum Ausdruck.

Philippinen – Zamboanga

20. JUNI

BEVOR ER VON EINEM FEUER ZERSTÖRT WURDE, galt der Barter Trade Market in Zamboanga als eines der berühmtesten Einzelhandelszentren in der Gegend. Der Markt soll voller über geheimnisvolle Wege dorthin gelangter Schmuggelware gewesen sein, von Rolex-Imitaten bis zu riesigen japanischen TV-Geräten konnte man angeblich alles kaufen. Zur Zeit unseres Besuchs war der Markt nur noch eine unbeleuchtete Lagerhalle, vollgepackt mit Billigware. Der Fischmarkt am Hafen bot ein weitaus lebhafteres Schauspiel. Riesige Thunfische wurden hier auf Handkarren durch die Marktstände geschoben, links und rechts türmten sich Fische und andere Meeresprodukte auf, darunter auch eine große Auswahl an Algen. In den Seitengassen rund um den Fischmarkt wird einfach alles angeboten: von kaleidoskopischen Marienporträts und Plastikkruzifixen über rostige »antike« Trinkgefäße, die die spanischen Eroberer vergessen haben sollen, bis zu eingerahmten Spiegeln mit Koranversen. Auf den Straßen breiten Bergbauern ihre Gemüse und Heilwurzeln aus, während ihre Kinder über den Markt gehen und Knoblauch und Schalotten verkaufen.

USA – Chicago

13. JULI

Typisch Chicago – hier gibt man sich selbstsicher und eigenwillig.

Indonesien – Manggis

21. JUNI

*Ein junges Mädchen berei-
tet seine Gaben für den
Tempel Pura Besakih am
Vulkan Gunung Agung vor.*

Philippinen – Zamboanga

12. JULI

IN DER ABENDDÄMMERUNG verließen wir den General-Santos-Hafen auf der Insel Mindanao, die zu den südlichen Philippinen gehört. Wir befanden uns an Bord der »MV Princess of the Pacific«, einem kleinen Containerschiff, das deutlich weniger großartig wirkte als sein Name. Das Schiff hatte seine Reise im australischen Darwin angetreten und sollte uns nach Zamboanga bringen. An Bord befand sich eine Reihe Rinder, die für Teppanyaki-Restaurants in Japan und Korea bestimmt waren, sowie eine Ladung quiekender Schweine für die Drehspieße in Manila. Hinzu kam der Dieselgestank aus dem Maschinenraum und der Schweiß unserer Mitreisenden. Insgesamt umhüllte uns die »Prinzessin«, mit der wir hier die Nacht verbrachten, also mit einem äußerst üblen Gestank. In der Morgendämmerung erreichten wir die Küste Zamboangas und wurden von Dutzenden kleiner Bankas begrüßt. Die Auslegerboote waren voller einheimischer Frauen und Kinder. Sie betteln um Münzen, die sie mit spektakulären Tauchsprüngen aus dem Wasser fischten. Auf dem Strand vor unserem Hotel tauchten die Seenomanden erneut auf und boten weitere Schätze an.

Indonesien – Manggis

22. JUNI

WIE SO VIELE DER MEHR ALS 13.000 INSELN, aus denen der indonesische Archipel besteht, begann auch Bali seine Existenz als glühend heiße Magma, die aus der Erdkruste herausquoll. Diese große, kochende Lavaflut stieg empor, breitete sich aus und ließ den Ozean schäumen – aus purer Energie entstand ein neues Land. Langsam erkaltete der schwarze Fels, und der fruchtbare Boden hielt allmählich die Vegetation und nährte sie. Als die ersten prähistorischen Menschen um 2500 v. u. Z. vom asiatischen Festland hierherzogen, besiedelten sie eine üppige grüne Insel, wie hier an der Bucht von Manggis. Entsprechend verehrten die ersten Bewohner ihre aktiven Vulkane. Noch heute besitzen zahlreiche Balinesen große Ehrfurcht vor dem aktiven Vulkan Gunung Agung, dem höchsten Berg der Insel (3142 Meter). Das wichtigste hinduistische Heiligtum Balis steht hier. Auf Gunung Agung soll der oberste Gott Sanghyang Widi Wasa wohnen, der Hüter des Gleichgewichts gegensätzlicher Kräfte wie zum Beispiel Gut und Böse oder Vergangenheit und Zukunft.

Philippinen – Zamboanga

11. JULI

Traumhaft schön ist die Muschel, die ein Seenomade auf Zamboanga zum Verkauf anbietet.

Bolivien – Titicacasee

23. JUNI

Eine alte Frau am Titicacasee spinnt Lamawolle.

Kenia – Chyulu Hills

10. JULI

DREI JUNGE MASSAI ZWANGEN EINE WEISSE KUH mit schwarzem Kopf zu Boden. Der älteste Junge mit leuchtend rotem Haar stach ihr einen Pfeil in die Hauptschlagader und zapfte ein wenig Blut in eine Ledergurde. Als sie voll genug war, wurde der Einstich schnell verschlossen. Das Ganze geschah mit größter Präzision, nicht ein Tropfen Blut fiel auf den Boden. Die Gurde wurde der Großmutter eines vor Kurzem beschnittenen Jungen gebracht, einer freundlichen alten Dame mit glänzend kahl rasiertem Kopf. Sie gab etwas Milch zum Blut hinzu und verrührte die Mischung mit einem Stab wie ein erfahrener Barkeeper, während sie mit den anderen Frauen und deren Kindern, die sich vor ihrer Hütte eingefunden hatten, scherzte und lachte. Als sie schließlich mit der jetzt rosafarbenen Mischung zufrieden war, trug sie sie in die Hütte zu dem Jungen, damit er trinken konnte. In der Hütte lag der Junge auf dem Bett hinter dem Vorhang, umsorgt von Mutter und Großmutter.

Bolivien – Titicacasee

24. JUNI

DEN INKA GALT DER TITICACASEE ALS GEBURTSORT DES SONNENGOTTES und Urquelle der Schöpfung. Noch immer ist er bei den Einheimischen als Lago Sagrado, als »Heiliger See« bekannt. Der See liegt auf einer Höhe von knapp 4000 Metern auf dem Altiplano zwischen Peru und Bolivien. Das unglaublich blaue Wasser ist bis zu 280 Meter tief und erstreckt sich über eine Fläche von 8100 Quadratkilometern. Am Ufer trafen wir Paulino Esteban bei einem großen Feld Totora-Schilfs. Paulino gilt als der Meisterbauer der Aymara-Boote – von seiner Hand stammten die berühmten Totora- Schilfboote Ra I und Ra II, mit denen der norwegische Forscher Thor Heyerdahl erfolgreich über den Atlantik segelte. Bei unserem Besuch arbeitete Paulino für ein Projekt, bei dem man mit einem Totora-Boot von Peru über den Pazifik nach Tahiti segeln wollte, was aber später fehlschlug. Obwohl er durch sein Werk für die Expeditionen Heyerdahls weltberühmt wurde, bauen Paulino und seine Familie noch immer Fischerboote für die einheimische Bevölkerung, wie es seine Vorfahren seit Generationen getan haben.

Kenia – Chyulu Hills

9. JULI

Konservieren ohne Kühlschrank – ein Massai lässt Fleischstreifen an einem Pfahl trocknen.

Thailand – Phuket

25. JUNI

Ausdrucksvoll bis in die Fingerspitzen – Tänzerin einer klassischen Tanzgruppe.

China – Wuyuan

8. JULI

WIR VERBRACHTEN EINEN TAG DAMIT, Dörfer entlang der Straße zwischen Huangshan und Jingdezhen zu besichtigen, zumeist im Kreis Wuyuan, der für seine gut erhaltenen alten Bauwerke aus der Ming- und Qin-Dynastie bekannt ist. Doch das Licht war nicht gut und die Dörfer nicht sonderlich interessant. So vertrieb ich mir meine Zeit damit, graue, verwitterte Mauern für eine neue Reihe zu fotografieren, die ich »Die Chinesischen Mauern« nenne. Als wir am späten Nachmittag in Richtung Jingdezhen fuhren, zog ein Stück fluoreszierend grünen Gehwegs meine Aufmerksamkeit auf sich. Einige Dorffrauen trockneten etwas, das aussah wie Algen, die man aus einem radioaktiven Meer gefischt hatte. Da wir aber weit von der nächsten Küste entfernt waren, hielt ich an, um der Sache auf den Grund zu gehen. Beim Aussteigen entdeckte ich, dass die andere Straßenseite ebenfalls mit etwas leuchtend Gelbem bedeckt war. Ich erfuhr, dass in diesem Dorf in Heimarbeit Hanf für die Spielzeugindustrie gefärbt wird, der als bonbonbuntes Haar für Puppen und Spielzeugtiere dient.

Thailand – Phuket

26. JUNI

JAHRHUNDERTELANG WAR DIE INSEL PHUKET vor der Südwestküste Thailands wenig mehr als ein Tummelplatz der Seenomaden. Das änderte sich nach 1786, als die Britische Ostindien-Kompanie auf der größten Insel Thailands eine Handelsniederlassung gründete. Im frühen 19. Jahrhundert brachten die in den Zinnminen arbeitenden Chinesen, die Kautschukpflanzer und die herbeiströmenden Kaufleute die Insel zu Wohlstand. Sie diente als bedeutender Stützpunkt für den Handel zwischen Europa und China, der durch die nahe gelegene Straße von Malakka führte. Heute hat der Tourismus den Handel abgelöst. Phuket wurde zu einem der beliebtesten Reiseziele Thailands. Dementsprechend forderte der Tsunami, der am Morgen des 26. Dezember 2004 die Westküste heimsuchte, sowohl unter der thailändischen Bevölkerung als auch den ausländischen Besuchern Tausende von Todesopfern und zerstörte einen Großteil der Infrastruktur. Die Insel erholt sich aber inzwischen nach Kräften und im Amanpuri, dem führenden Luxushotel der Insel, lässt der Service buchstäblich keine Wünsche offen, nicht einmal den nach einer klassischen Tanzgruppe.

China – Wuyuan

7. JULI

Knallbunt gefärbter Hanf für die Spielzeugindustrie – die Farbe hinterlässt auch auf den Händen ihre Spuren.

Tansania – Kigoma-Express

27. JUNI

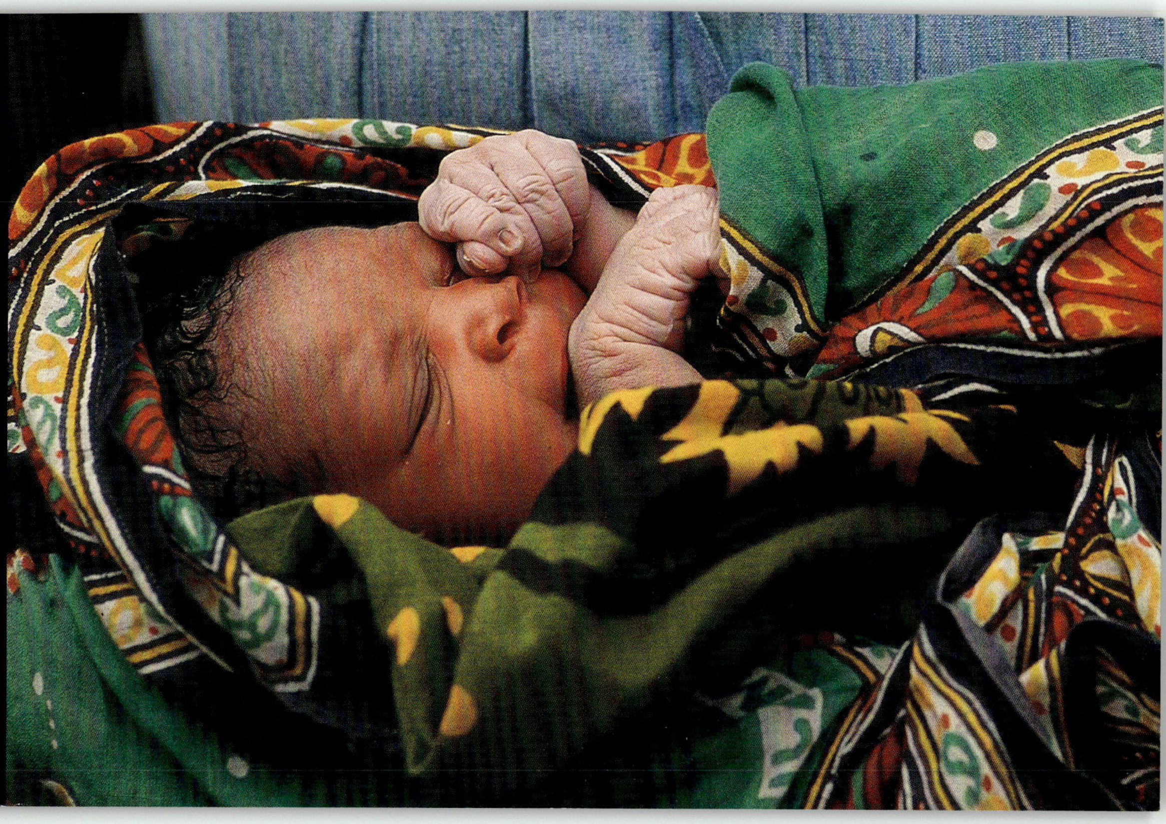

Das müde Neugeborene kam während der Fahrt im Kigoma-Express zur Welt.

Frankreich – Bagnols

6. JULI

DAS DORF BAGNOLS liegt etwa 25 Kilometer nördlich von Lyon im Beaujolais, also im südöstlichen Frankreich. Ich wollte dort das Château de Bagnols fotografieren, eine Burg aus dem 13. Jahrhundert mit herrlichen Gärten, die zu einem Luxushotel der Extraklasse umgestaltet wurde. Es liegt in der Nähe des Dorfes auf einem Hügel und blickt über Weinberge und eine klassische französische Landschaft, wie Monet – aber nicht van Gogh oder Cezanne – sie gemalt haben könnte. Dennoch wusste ich, sobald ich die Zugbrücke überquert und die Burg betreten hatte, dass dies kein Ort für mich war. Alles dort, selbst das köstliche Essen, schien einfach eine Spur zu edel für einen Menschen wie mich. So war ich in meiner Freizeit eher in der Küche beim Koch zu finden, der mich liebend gern als Versuchskaninchen für seine neuen Kreationen gebrauchte, oder spazierte durch das Dorf und sah bei einer abendlichen Partie Boule auf dem Dorfplatz zu. Der Höhepunkt meiner Reise war eine Ballonfahrt bei Sonnenuntergang, die über einige herrliche, unendlich kultivierte Landschaften führte.

Tansania – Kigoma-Express

28. JUNI

DER ZERBEULTE, URALTE KIGOMA-EXPRESS schleppt sich von der Hafenstadt Daressalam am Indischen Ozean 1250 Kilometer quer durch Tansania bis nach Kigoma an den Ufern des Tanganjikasees. In Dodoma stiegen wir in den Zug ein und traten eine 31 Stunden dauernde Reise an. Der Zug war schrottreif, die meisten Scheiben entweder zerbrochen oder mit Brettern vernagelt, um »Banditen abzuwehren«, die Toiletten bestanden aus Löchern im Boden der WCs. Gegen Mitternacht hielten wir in Tabora, wo der Zug in drei Teile getrennt wurde. Der dabei durch das menschliche und tierische Geschrei sowie das Rangieren des Zuges entstehende Lärm sorgte für eine schlaflose Nacht. Nachdem ich den ganzen Morgen fotografiert hatte, brauchte ich gegen Mittag dringend eine Tasse Tee, doch der Speisewagen war geschlossen, ein bewaffneter Mann stand vor der Tür. Durch das schmutzige Fenster konnte ich nur sehr vage hektische Bewegungen erkennen. Dann plötzlich wurde die Tür aufgerissen, und eine Frau sagte: »Es ist ein Mädchen!« Die Soldaten grinsten, und der ganze Waggon brach in Jubelschreie aus.

Frankreich – Bagnols

5. JULI

Die gut ein Kilogramm schweren Boule-Kugeln liegen gut in der Hand.

China – Yuanyang

29. JUNI

Eine Hani-Frau grillt an ihrem Straßenstand Würfel aus fermentiertem Sojaquark.

Chile –
Robinson-Crusoe-Insel

4. JULI

VON SANTIAGO FLOGEN WIR IN EINEM ENGEN KLEINEN FLUGZEUG zur 900 Kilometer entfernten Robinson-Crusoe-Insel im Juan-Fernandez-Archipel. Die ursprünglich »Mas a Tierra« genannte Insel wurde 1966 nach Daniel Defoes berühmtem Roman umbenannt. Wir hatten keine Ahnung, ob eine Landung möglich sein würde, da die Landebahn auf der Insel kurz und das Wetter unvorhersehbar war. Aber wir hatten Glück, und die Landung verlief ohne Zwischenfälle. Vom Fenster aus konnte ich jedoch neben der Landebahn die Überreste eines Kleinflugzeugs sehen. Wir sollten mit dem Boot zu der Höhle gebracht werden, in der ein gewisser Alexander Selkirk über vier Jahre einsam gelebt hatte. Er war von seinen Schiffsgefährten ausgesetzt worden, weil er ihnen allzu sehr auf die Nerven gegangen war. Seine Erfahrungen liegen Defoes Klassiker zugrunde. Die Männer, die uns abholten, trugen schweres, wasserdichtes Ölzeug. Das verhieß nichts Gutes. Das Meer war stürmisch, das Anlanden gefährlich, und wir wurden alle bis auf die Knochen nass. Bis wir die Siedlung erreichten, war ich völlig durchgefroren.

China – Yuanyang

30. JUNI

SEIT 1300 JAHREN LEGEN DIE HANI im Autonomen Bezirk Honghe (Roter Fluss) Terrassenfelder an. Ihr Gebiet liegt im äußersten Süden von Yunnan nahe der vietnamesischen Grenze. Die außergewöhnliche Form ihrer Terrassen spiegelt nicht nur ihre perfekte Beherrschung dieser ausgeklügelten landwirtschaftlichen Nutztechnik wider, sondern auch ihren tiefen Respekt vor dem Boden, den sie bearbeiten. Im Kreis Yuanyang allein sind über 11.000 Hektar terrassiert. Einige Terrassenfelder weisen mehr als 3000 Stufen auf. Sie erstrecken sich, so weit das Auge reicht, von hohen Bergkämmen bis hinunter in die Täler. Eines Morgens kurz vor Sonnenaufgang kamen wir an einem atemberaubenden Aussichtspunkt bei den Tigermaul-Terrassen an, nur um dort auf eine Armada von Hobbyfotografen aus Taiwan zu stoßen, die uns tatsächlich zuvorgekommen waren. Schulter an Schulter standen sie in einer Reihe hinter ihren Stativen, als warteten sie auf eine Truppenabnahme.

Chile –
Robinson-Crusoe-Insel

3. JULI

Schweres Ölzeug ist bei Fahrten im Juan-Fernandez-Archipel unabdingbar.

Myanmar – Mandalay

1. JULI

Ein Handwerker gibt einer Statue den letzten Schliff.

Myanmar – Mandalay

2. JULI

AN DER FLUSSBIEGUNG DES IRAWADI in Zentralburma liegt Mandalay, wegen seiner Pagoden und der zentralen Lage im »unzerstörbaren Herzen« des Landes auch als die »Goldene Stadt« bekannt. Die von König Mindon zwischen 1857 und 1859 errichtete neue Hauptstadt sollte zugleich die letzte des Königreiches Burma sein. Sie wurde im November 1885 von britischen Truppen eingenommen. 1942 besetzten die Japaner die Stadt, ohne jedoch allzu viel Schaden anzurichten. Während der heftigen Kämpfe bei einer zwölftägigen Belagerung im März 1945, die Teil des Plans der 14. Britischen Armee war, die Japaner aus Burma zu vertreiben, wurde Mandalay dann aber nahezu vollständig zerstört. Auch der hölzerne Palast innerhalb der Festung wurde komplett vernichtet. Zur Zeit meines Besuches war der Wiederaufbau des Palastes zu Tourismuszwecken weit fortgeschritten, sieben Gebäude hatte man bereits fertiggestellt. Zu sehen waren auch viele traditionelle Handwerker, die Seide webten, Jade schliffen, Kupfer und Messing gossen, Holz schnitzten und Blattgoldarbeiten ausführten.